Daniel-Pascal Zorn · *Shooting Stars*

Daniel-Pascal Zorn

Shooting Stars

Philosophie zwischen
Pop und Akademie

Klostermann Essay 2

Bibliographische Information der Deutschen Nationalbibliothek
Die Deutsche Nationalbibliothek verzeichnet diese Publikation in
der Deutschen Nationalbibliographie; detaillierte bibliographische
Daten sind im Internet über *http://dnb.dnb.de* abrufbar.

© Vittorio Klostermann GmbH · Frankfurt am Main · 2019

Gedruckt auf alterungsbeständigem Papier.
Satz: Marion Juhas, Frankfurt am Main
Druck und Bindung: docupoint GmbH, Barleben
Printed in Germany
ISSN 2626-5532
ISBN 978-3-465-04398-0

Inhalt

Einleitung

Der vorliegende Text ist eine Kritik der Populär-
philosophie. Das bedeutet zunächst, dass er die
Selbstdarstellung einiger Populärphilosophen in
Frage stellt und zum Problem macht. Ihr stellt er die
Schwierigkeit der Philosophie gegenüber, sich einem
Publikum mitzuteilen, das gerade die Voraussetzun-
gen schon akzeptiert hat, um deren Infragestellung
es der Philosophie geht.

Der Streit um die Populärphilosophie bewegt sich
aber für gewöhnlich in genau diesen Bahnen: Einem selbstbewussten Bild der Populärphilosophie
wird ein ideales Bild der Philosophie gegenüberge-
stellt. Genau das kritisieren aber viele Populärphilosophen. Ihr Gegner ist also nicht die Philosophie,
sondern die *akademische* Philosophie, der sie be-
scheinigen, unverständliche und hochtrabende oder
voraussetzungsreiche und hochspezialisierte Texte
zu verfassen. Sie sei deswegen für die große Masse
der Leser irrelevant geworden.

Hier wird der Versuch unternommen, dem unproduktiven Streit zwischen Populärphilosophie und

akademischer Philosophie eine dritte Position vorzuschlagen. Der Streit gerät deswegen unproduktiv, weil beide Parteien sich hochgerüstet gegenübertreten: die Populärphilosophie mit der Autorität des Publikums und die akademische Philosophie mit der Autorität der Wissenschaft. Aus Sicht der Populärphilosophie ist jede Erwiderung der akademischen Philosophie auf ihre Kritik nur eine Bestätigung dieser Kritik. Und ebenso ist jede Erwiderung der Populärphilosophie auf die Kritik der akademischen Philosophie für diese Ausweis einer generellen Inkompetenz dieser Philosophie.

Um diesem unproduktiven Kreislauf zu entkommen, muss man die Sache einerseits etwas vereinfachen. So erscheinen Populärphilosophie und akademische Philosophie in diesem Essay als wenig sympathische Idealtypen. Das soll dazu dienen, im Leser eine kritische Haltung gegenüber beiden wachzurufen. Da es dabei um die Populärphilosophie geht, spielt außerdem die akademische Philosophie nur eine Nebenrolle. Der unproduktive Zirkel gewinnt dadurch in der Darstellung eine populärphilosophische Schlagseite. Das ist, neben dem Thema, auch der Form des Essays geschuldet – eine Kritik, die Populärphilosophie und akademische Philosophie in gleicher Weise umfasste, hätte zu letzterer eine ganze Menge mehr zu sagen.

Andererseits musste die Sache, ganz entgegen dem Einfachheits- und Verständlichkeitsdrang der Populärphilosophie, etwas komplizierter gemacht werden. Kompliziert ist etwa das Problem, mit dem es die Philosophie zu tun bekommt, wenn sie andere Menschen Philosophie lehren will. Es ist auch deswegen so kompliziert, weil die radikale Haltung der Philosophie darin besteht, jegliche Autorität, die von anderen akzeptiert wird, in Frage zu stellen – sei es diejenige der eigenen, festgehaltenen Meinung, diejenige der etablierten Wissenschaften oder diejenige der applaudierenden Menge.

Dennoch tritt die Philosophie hier der Populärphilosophie und der akademischen Philosophie nicht wie ein dritter, von ihnen unabhängiger Mitspieler gegenüber. Ihre dritte Position besteht vielmehr darin, dass Populärphilosophie und akademische Philosophie auf jeweils ihre eigene Weise mit dem Problem zu tun bekommen, mit dem es die Philosophie zu tun bekommt, *wenn sie Philosophie lehren soll oder will*. Beide haben dieses Problem wiederum auf jeweils ihre eigene Weise gelöst – die akademische Philosophie durch Verwissenschaftlichung, die Populärphilosophie durch Popularisierung der Philosophie.

Eine Kritik der Populärphilosophie kann, wenn sie selbst die radikale Haltung der Philosophie bewahren will, nicht bei einer Gegenüberstellung von Populärphilosophie und akademischer Philosophie stehenbleiben. Sie muss vielmehr diese Kategorien selbst noch einmal kritisch befragen, die Voraussetzungen ihrer Beschreibung sind. Auch hier wird das, was am Anfang des Essays einfach klingt, im weiteren Verlauf komplizierter: Die Populärphilosophie erscheint dort als ein wesentlicher Teil der philosophischen Tradition, auf die die akademische Philosophie sich beruft. Umgekehrt erscheint die akademische Philosophie – historisch betrachtet – als ein junges Ideal, das sich nicht zuletzt einer Situation verdankt, in der Philosophen für ihre Forschungen – zumindest in manchen Ländern und Landschaften dieser Welt – nicht mehr mit dem Tode bedroht werden.[1]

Nur wenn Populärphilosophie und akademische Philosophie einsehen, dass das Dritte, das sie miteinander vermittelt, die Philosophie ist, können sie aus ihrem unproduktiven Zirkel herausfinden. Und nur wenn sie verstehen, dass »die Philosophie« zunächst keine Ansammlung von Weisheiten, Inhalten, Themen und Methoden ist, sondern eine *Haltung*, eine Praxis und ein aus dieser Haltung entstehendes radikales Problem ihrer Weitergabe, können sie einen Weg finden, der sie von Gegnern zu Partnern werden lässt. Diese Partnerschaft wird hier nicht als Eintracht oder absolute Harmonie vorgestellt. Sondern als eine Bereitschaft, die Philosophie als Frage zu akzeptieren, ohne dabei schon die Wissenschaft

[1] Dort, wo sie es noch immer werden, stellt sich die Frage mit äußerster Schärfe: Worin liegt das Gemeinsame einer Philosophie, die sich an der ruhigen Sicherheit der Wissenschaft orientieren kann, und einer Philosophie, die aus der Not der Existenz heraus formuliert ist?

oder das Publikum als selbstverständlichen Horizont vorauszusetzen.

Wenn hier also von »der Philosophie« die Rede ist, ist damit keine irgendwie schon ausgeformte Disziplin gemeint. Was »die Philosophie« ist, ist ein philosophisches Problem. Weil er dieses Problem gesehen hat und nicht, weil er eine Lehrautorität darstellt, greife ich vor allem auf Platon zurück. Bei ihm gewinnt »die Philosophie« einen Ausdruck, der das Problem der Lehrbarkeit der Philosophie reflektiert und Lösungen vorschlägt.

Dass diese Lösungen selbst nicht verfangen haben, zeigt die Tatsache, dass es nach Platon eine umfassende philosophische Tradition gibt, die nach Ansicht manches Philosophen nur eine »Fußnote zu Platon« darstellt. Dass Platons Lösungsvorschläge dennoch für die gegenwärtige Philosophie relevant sein können, versucht dieser Essay anzudeuten. Zumindest der akademischen Philosophie und der Populärphilosophie könnten sie einen Anhaltspunkt bieten, inwiefern ihre jeweilige Selbstdarstellung gerade das verhindert, was sie zu tun beanspruchen: die Philosophie anderen Menschen zu vermitteln.

Ein Essay ist keine Abhandlung und beansprucht auch keine Vollständigkeit in der Darstellung. Er gibt einen Anstoß, oft aus einem bewusst perspektivischen Blickwinkel heraus. Dass man die Möglichkeit einer perspektivischen oder partikulären Darstellung heutzutage betonen muss, zeigt vielleicht, wie weit das Problem um sich greift, das akademisches und populäres Philosophieren erfasst hat. Zugleich ist der hier eingenommene Blickwinkel selbst ein Prüfstein für die Haltung, die er zumindest indirekt zu lehren beansprucht.

Die neuen Philosophen

Die Populärphilosophie ist auf dem Vormarsch. Während noch in den Instituten und Seminaren, die Augen fest vor der Realität verschlossen, die Bedeutung des Hegelschen Spätwerks diskutiert wird, schicken sich junge, gutaussehende, dynamische und meinungsstarke Ex-Akademiker an, der Philosophie ein neues Gesicht zu geben. Sie verlassen die Bibliothek und gehen auf die Straße, in die Zeitungen, ins Fernsehen, zu den Menschen, öffnen sich für die Welt.

Anstatt sich in staubigen Kolloquien jedes Wort im Mund herumdrehen zu lassen, stellen sie die Fragen, die wichtig sind, weil sie relevant sind und uns betreffen. Deswegen hören die Menschen ihnen zu und kaufen ihre Bücher. Die Populärphilosophen vermitteln das, was andere jahrelang studieren, auf verständliche Weise, scheiden das Interessante vom Überflüssigen und tragen so zur Zukunft der Philosophie bei, die sonst drohte, in den Abgründen des akademischen Vernünftelns zu verschwinden.

So oder so ähnlich sieht das Bild aus, das manche

Populärphilosophen von der Populärphilosophie zeichnen. Sie wirbt mit Relevanz und Praxisbezug und grenzt sich ab vom akademischen Elfenbeinturm. Sie geht auf die Straße oder setzt sich in Talkshows. Sie erklärt philosophische Fragestellungen mit leichter Hand und ist nie um eine Antwort verlegen. Sie versteht sich als Philosophie, die deswegen populär ist, weil sie den Menschen zeigt, wozu sie zu gebrauchen ist.

Von diesem Kriterium aus versteht sie die Philosophie. Relevant ist, was der Gegenwart nützlich ist. Und deswegen ist das, was der Gegenwart nicht nützlich ist, irrelevant. Natürlich wird die Populärphilosophie immer wieder von akademischen Philosophen kritisiert. Weil das aber diejenigen sind, die sich in ihren Instituten und Seminaren verstecken und jahrelang über Problemen brüten, die außer ihnen keiner versteht, erscheint die Motivation dieser Kritik allzu durchsichtig: Die akademischen Philosophen sind neidisch.

Sie gönnen der Populärphilosophie den Erfolg nicht, nicht die Bestseller und nicht die Talkshows. Sie verteidigen eine vergangene Form des Philosophierens, eine elitäre und undemokratische oder sogar ideologische Form, die künstliche Barrieren aufstellt, um sich selbst den Anschein von Tiefsinn zu verleihen. Dabei müssten sie nur verständlicher formulieren, sich dem Publikum öffnen und es dort abholen, wo es steht. Dann würde sich der Erfolg auch bei ihnen einstellen.

Für die Populärphilosophie ist die Frage nach Verständlichkeit oder Unverständlichkeit eine Sache der Vermittlung. Mit dem Wesen von Philosophie selbst hat sie nichts zu tun. Dasselbe gilt für die Nützlichkeit der Philosophie. Wenn man nicht mehr deutlich machen kann, wozu ein philosophischer Gedanke heutzutage zu gebrauchen ist, dann kann man ihn auch weglassen. Die Erwartungshaltung des Publikums ist der Maßstab, sonst nichts. Und wenn das Publikum etwas unverständlich, nicht relevant oder zu kompliziert findet, dann ist es eben auch philosophisch nicht zu gebrauchen. Denn was soll man mit einer Philosophie, die keiner verstehen kann?

Wer heutzutage Philosophie treiben will, der muss akzeptieren, dass sie eine Teilnehmerin an einem Markt ist. Thomas Vašek, Chefredakteur der Zeitschrift *Hohe Luft*, schreibt dazu: »Wir brauchen keine geschützten Denkwerkstätten, sondern eine lebendige Philosophie, die mitten im Leben steht, statt sich von der Gesellschaft abzukoppeln. Dazu gehört auch, die ökonomischen Regeln zu akzeptieren, denen wir alle unterliegen.«[2]

Auch Wolfram Eilenberger, ehemaliger Chefredakteur des *Philosophie Magazins*, misst den »desolaten Zustand« der akademischen deutschen Philosophie am Publikumserfolg der Populärphilosophie:

[2] https://www.hoheluft-magazin.de/2016/05/wir-brau chen-keine-geschuetzten-denkwerkstaetten-sondern-eine-lebendige-philosophie/ [1]

»Wie konnte es im Lande von Leibniz und Kant, Hegel und Schopenhauer, Nietzsche und Arendt nur dazu kommen? Vor allem in einer Zeit, da das öffentliche Interesse an philosophischer Reflexion geradezu explodiert und sich als Folge ein ganzes Gattungsbündel vermittelnder Formate erfolgreich am freien Markt etabliert.«[3] Dieser Erfolg, an dem Eilenberger sich selbst einen nicht unmaßgeblichen Anteil bescheinigt, wird von ihm mit Absatzzahlen belegt: »Philosophische Monatsmagazine wie *Hohe Luft* oder das *Philosophie Magazin*, dessen Chefredakteur ich war, erreichen eine Auflage von 60.000 Exemplaren; Festivals wie die phil.cologne locken binnen einer Woche mehr als 10.000 Menschen. Die Sachbuch-Bestsellerlisten zeigen sich seit Jahren populärphilosophisch dominiert.«

Andere Populärphilosophen wie Richard David Precht betonen den Lifestyle-Aspekt der Philosophie: »Ich würde sagen: es ist eine Tätigkeit, die einen erfüllt, einen beschwingt, einen weiter bringt, einem ein gutes Gefühl gibt. Das ist die Hauptfunktion von Philosophie und nicht, Probleme zu lösen.«[4] Auch Ronja von Rönne, Moderatorin des ARTE-Formats *Streetphilosophy*, geht es darum, dass das Publikum sich gut fühlt: »Ich will niemanden

[3] https://www.zeit.de/2018/10/philosophie-deutsch
     land-universitaeten-wissenschaft-konformismus [2]
[4] https://www.dasmili.eu/art/richard-david-
     precht-ich-wuerde-gerne-bei-einer-pegida-demo-
     auftreten/ [3]

langweilen. In Artikel knalle ich deshalb alle zwei Zeilen Pointen rein. [...] Ich versuche Gesprächssituationen herzustellen, die auch für Zuschauer interessant sind, die mich nicht kennen.«[5]

Für Svenja Flaßpöhler, gegenwärtige Chefredakteurin des *Philosophie Magazins*, gibt die Philosophie vor allem Orientierung in schwierigen Zeiten: »Gerade in extrem komplexen Zeiten wie diesen suchen die Menschen nach Orientierung. Da die Religion diese Orientierung für viele nicht mehr zu geben vermag, ist die Philosophie gewissermaßen an deren Stelle getreten.«[6] Bei alledem ist es allerdings wichtig, auf dem Boden zu bleiben. Flaßpöhler stellt deswegen klar, dass die Philosophie, anders als die Religionen, nicht nach einfachen Antworten sucht. »Das Hinterfragen ist das Urgeschäft der Philosophie. Ob sie gewollt wird oder nicht, sie ist wichtig. Nur durch Erschütterung können verhärtete Fronten zu bröckeln beginnen. Nur so kann Neues entstehen.«

Wie dieses Neue aussehen kann, zeigen die Konferenzen *Beyond Knowledge* und *Beyond Good*, die von einem Format ausgerichtet werden, das sich ebenfalls *Street-Philosophy* (mit Bindestrich) nennt.

[5] https://www.tagesspiegel.de/gesellschaft/medien/ronja-von-roenne-im-interview-ich-habe-ein-massives-problem-mit-meiner-filterblase/20568826.html [4]

[6] https://www.aachener-nachrichten.de/kultur/interview-mit-philosophin-svenja-flasspoehler-vom-philosophie-magazins_aid-34362387 [5]

Einer der Stargäste ist Richard David Precht. »Mit *Beyond Knowledge* möchten wir den Rahmen bieten querzudenken, weiterzudenken, anders zu denken, in die Tiefe und in die Breite zu denken, kritisch zu denken und gleichzeitig offen und wohlwollend zu sein.«[7] Nina Schmid, eine der Macherinnen von *Street-Philosophy*, bietet in diesem Sinne auch einen *Glück.Workshop* an: »Wie erreicht man nachhaltig und auf lange Sicht ein hohes Niveau an Erfüllung und ganzheitlichen Erfolg?«[8] Gemeinsam mit ihrer Mutter Julia Kalmund, der anderen Gründerin von *Street-Philosophy*, zeigt sie sich auf der Seite *geldheldinnen.de* überzeugt, »dass eine gesunde Einstellung zum Geld einen großen Einfluss auf die Lebensqualität hat«.[9]

[7] https://street-philosophy.de/warum-beyond-knowledge-2/
[8] https://street-philosophy.de/veranstaltung/glueck-workshop-mit-nina-schmid-bei-den-glueck-tagen-in-kufstein/
[9] https://www.geldheldinnen.de/julia-und-nina-kalmund/

Populärphilosophie: eine Problemstellung

Populärphilosophie, so scheint es, will dem Menschen etwas Gutes tun. Sie will die Weisheit der Jahrhunderte verständlich machen und so die Philosophie für die Menschen öffnen. Deswegen leuchtet Thomas Vašek auch »nicht ein, warum sich Philosophen nicht bemühen sollten, die Relevanz ihres Fachs auch einer breiteren Öffentlichkeit zu vermitteln – und damit womöglich sogar etwas Geld zu verdienen«.[10] Eine Win-Win-Situation, so scheint es. Der Populärphilosoph tut etwas Gutes und verdient dabei sogar etwas Geld. Und das Publikum bekommt wichtige Anregungen und Hilfestellungen, Orientierung und bequem zugängliches kulturelles Kapital.

Dieses System kann aber nur sich selbst erhalten, wenn der Vorgang wiederholbar ist, das öffentliche Interesse, das nach Eilenberger »explodiert« und auf das die Populärphilosophie mit ihren Angeboten antwortet, weiter bestehen bleibt. Da trifft es sich gut, dass man genau die richtige Mischung von Ant-

[10] [1]

worten und Fragen, Wissen und Unwissen zur Verfügung stellen kann. Die Populärphilosophie folgt darin der Logik des Abonnements, nicht nur in der Form von Zeitschriften und Büchern, sondern auch über den Inhalt der Texte und Beiträge. Es gibt ja immer noch etwas zu wissen, immer noch etwas zu fragen, immer noch mehr, was man entdecken kann.

Deswegen liebt die Populärphilosophie den Streit, die Kontroverse und die Provokation. Diese Diskursarten garantieren, dass die Philosophie – für die Populärphilosophen wie für das Publikum – prinzipiell unabschließbar ist. Dabei darf man nicht vergessen, dass die Philosophie für die Menschen, die man erreichen will, keine Hauptbeschäftigung ist. Sie ist ein Freizeitvergnügen. Sie gehört zum weiten Bereich der »Kultur« und des »kulturellen Angebots«. Man war letzte Woche im Theater, geht nächste Woche in die Oper und diese Woche auf ein Philosophie-Festival. Street-Food, Street-Art, Street-Philosophy. Authentisch, nah am Leben und gut geeignet, um im Vorbeigehen das eine oder andere Häppchen mitzunehmen.

Was soll daran schlecht sein? Wenn jeder zufrieden ist, ist doch alles gut, oder? Natürlich weiß der Populärphilosoph mehr als das Publikum, das ist ja der Witz. Richard David Precht kann zu allem etwas sagen und weiß, dass er ein »Generalist« ist.[11]

---

[11] [3] »Der Generalist weiß, dass er keine Wissenschaft leistet.«

Er gibt den Menschen etwas und sie geben ihm dafür etwas zurück. Seine Philosophiegeschichte, so freut er sich zeitgemäß in Jugendsprache, »ist jetzt schon die dritterfolgreichste Philosophiegeschichte ever, dabei gibt es sie noch gar nicht so lange«.[12] Und auch seine Leserschaft nötigt ihm Respekt ab: »Das ich jetzt mit dem ersten Band 80.000 Leser erreicht habe, die im Grunde genommen wenn sie das lesen ein Vollstudium absolvieren, das freut mich zutiefst.« Precht, so scheint es, bietet in seinen Büchern »im Grunde genommen ... ein Vollstudium«, nur ohne die ganzen lästigen Prüfungsbestimmungen und Seminare, die an der Universität üblich sind.

Noch einmal: Was soll daran schlecht sein? Die Populärphilosophen gehen ja offen damit um, dass sie nicht alles erklären können. Sie können auch nicht alles »hinterfragen«. Manche Voraussetzungen muss man schlicht akzeptieren. »Die Philosophie schafft sich dann ab, wenn sie irrelevant wird. Wenn sie nichts mehr zu sagen hat, was die Menschen interessiert.« So sieht es Thomas Vašek. »Selbstverständlich entscheidet der Markt nicht, was gute Philosophie ist. Aber der Markt entscheidet, was sich bei den Lesern durchsetzt.« Der Markt entscheidet, was die Menschen so interessiert, dass es sich bei ihnen durchsetzt. Und deswegen muss man eben »die ökonomischen Regeln akzeptieren, denen wir alle

[12] [3]

unterliegen«.[13] Die Entscheidung des Marktes kann ja auch die der Leser sein. Und warum auch nicht?

Das vermeintliche Manko, keine akademische Philosophie zu sein, macht die Populärphilosophie damit wett, dass alles in Ordnung ist, wenn alle mitmachen, weil alle mitmachen. Das zum Problem zu machen, führt nicht weiter. »Das Problem der ›Popularisierung der Philosophie‹ ist ein philosophisches Scheinproblem, das am Ende wiederum nur die Philosophen interessiert.«[14] Es gibt einfach kein Problem, wenn man das, was man nicht ändern kann, akzeptiert. »Wenn Macht freiwillig von denen angenommen wird, über die sie ausgeübt wird«, sagt Ronja von Rönne, »dann ist sie aufrichtig und wahr und nicht schädlich.«[15]

.

[13] [1]
[14] [1]
[15] [4]

Philosophie – aber ohne große Anstrengung

Was ist von dieser Selbstdarstellung der Populärphilosophie zu halten? Ist es überhaupt sinnvoll, diese Frage zu stellen? Die Antworten sind doch längst gegeben. Aus Sicht der akademischen Philosophie handelt es sich um Quacksalberei. Homöopathische Dosen philosophischer Tradition werden in literweise Werberhetorik aufgelöst und heraus kommt etwas, was sich zwar gut verkauft, mit Philosophie aber nicht viel zu tun hat. Aus Sicht der Populärphilosophie ist diese Reaktion der akademischen Philosophie Ausdruck eines tiefsitzenden Neides derjenigen, die unfähig zum verständlichen Ausdruck sind. Gefangen in einem verstaubten, selbstreferentiellen System verachten die Aristokraten des Gedankens die Demokratisierung des Denkens.

Das, so erkennt das Publikum, ist eben der alte Streit der Philosophen. Die aristokratisch Gesinnten schlagen sich dann auf die Seite der Akademiker und lesen griechische Philosophie. Und die demokratisch Gesinnten kaufen sich den neuen Bestseller von Richard David Precht und fühlen, wie die Philosophie sie mit frischer Lebenskraft durchströmt. Die einen absolvieren ein Studium im Elfenbeinturm, mit vielen Texten, vielen Perspektiven, vielen Autoren. Die anderen absolvieren ein Studium in der Straßenbahn mit einem einzigen Buch – von einem einzigen Autor.

Die Populärphilosophen appellieren an das Selbstverständliche. Die Welt, den Markt, das Leben. Sie appellieren an Konzepte und Erfahrungen, mit denen jeder etwas anfangen kann und zu denen jeder etwas sagen kann. Konzepte und Erfahrungen, die aber zugleich so allgemein sind, dass man sie nie abschließend beurteilen kann. Das Selbstverständliche, behaupten die Populärphilosophen, ist das, was die Philosophie erst relevant macht: unsere Gegenwart, unsere Orientierungslosigkeit, unser Interesse.

Philosophie, die keine Leser hat, wird irrelevant. Also muss sie dafür sorgen, möglichst viele Leser zu haben. Akademische Philosophie, so scheint es der Populärphilosophie, hält sich mit dem Unnötigen auf: mit unnötig komplizierten Formulierungen in unnötig langen Texten mit einer unnötig selbstbezüglichen Forschung. Im Grunde machen beide dasselbe, die akademische Philosophie und die Populärphilosophie, nur die Populärphilosophie macht es besser. Sie formuliert verständlicher, näher am Leben, antwortet auf Fragen, die die Menschen wirklich bewegen.

Wie Karikaturen stehen sie sich gegenüber: Auf der einen Seite die unfruchtbare, in die Jahre gekommene akademische Philosophie mit den dicken Brillengläsern und der linkischen Art, unfähig, sich in sozialen Kontexten nicht lächerlich zu machen. Und auf der anderen Seite die schicke, dynamische und weltoffene Lifestyle-Populärphilosophie, am beschleunigten Puls der Zeit, immer eine Pointe zur Hand, um das Publikum nicht zu langweilen.

Um zu verstehen, wie dieses Bild zustande kommt, könnte man überlegen, wie jemand die Philosophie wahrnimmt, der bisher mit ihr nichts zu tun hatte. Die Vorstellungen, die sich Nichtphilosophen von der Philosophie machen, sind geprägt durch das Wissen und die Erfahrungen, die sie bisher gesammelt haben und auf die sie sich verlassen können. Philosophie ist für sie ein Thema unter anderen, und so wird es auch behandelt.

Diese Konvention macht sich die Populärphilosophie zunutze. Sie akzeptiert einige oder sogar die meisten Voraussetzungen, die das Publikum mitbringt. Das hat den angenehmen Effekt, dass die Zuschauer, Zuhörer oder Leser nicht übermäßig irritiert sind, wenn man damit beginnt, Fragen zu stellen. Je nachdem, welches Risiko man eingehen will, kann man die Fragen sehr allgemein oder aber provokativ stellen. Zu den allgemeinen Fragen gehören z.B. Fragen nach dem Leben, dem Tod, der Welt, dem Menschen, dem Universum oder Gott. Bei solchen Fragen kann jeder mitdiskutieren, ohne viel riskieren zu müssen. Und am Ende kann man immer noch sagen, dass eine abschließende Antwort unmöglich oder schwierig ist, dass man sie auf jeden Fall jetzt (noch) nicht geben kann.

Daneben kann man auch mit Fragen oder Thesen provozieren. Das beginnt bei Buchtiteln wie *Wer bin ich, und wenn ja, wieviele?* und endet noch lange nicht beim Versuch, das gesamte Bildungssystem oder die gesamte Entwicklung des menschlichen Denkens aus einem Wurf zu erklären. Populärphilosophen streben nicht nur danach, die Philosophie populärer zu machen. Sie streben auch danach, dass sie selbst populärer werden. Populärphilosophie ist angelegt als Kampf um Aufmerksamkeit. Und dafür muss man Themen bedienen, die gerade »heiß« sind oder die als Dauerbrenner immer wieder neu aufgelegt werden. Wer sich noch nie mit Philosophie befasst hat, kann so die Populärphilosophen als Intellektuelle wahrnehmen, die sich mit Fragen auseinandersetzen, die einen selbst beschäftigen. Worin sie populär sind, zeigt sich dann in verschiedenen Aspekten.

Weil sie Fragen ansprechen, die man sich selbst vielleicht immer wieder gestellt hat, wirken sie erstens deutlich ansprechbarer als »langweilige ältere Herren in braunen oder blauen Busfahreranzügen«, wie Richard David Precht die Professoren der akademischen Philosophie beschreibt. Wo diese sich vor lauter Verpflichtungen, die Forschung und die möglichen Einwände der Kollegen zu berücksichtigen, winden, überspringt der Populärphilosoph einfach die Schwierigkeiten und bringt sie so zum Verschwinden. Das Publikum ist ihm dankbar, denn so macht Philosophie Spaß: ohne große Anstrengung.

Deswegen werden zweitens Populärphilosophen auch von mehr Leuten gelesen. Und weil der Buchdiskurs, vom Zeitungsfeuilleton über die Buchmesse bis hin zu den Verlagsprogrammen, vor allem auf das schaut, was viel Aufmerksamkeit erzeugt, wird noch populärer, was sich gut verkauft. Die Autoren und Autorinnen werden zu mehr Formaten eingeladen als andere, halten mehr Vorträge, sind insgesamt sichtbarer. Wenn das nächste Buch oder der nächste Artikel an die anderen anknüpfen kann, ist man schnell prominent. Dann sitzt man in Fernseh-Talkshows und darf als Philosoph zu jedem Thema seinen Senf dazu geben.

Ob das alles Hand und Fuß hat, ist dabei Nebensache: Es reicht, dass man es tut, um Aufmerksamkeit zu bekommen, und weil man es tut, reicht es allen anderen, dass man es tut. TV-Redaktionen buchen Richard David Precht nicht, weil er ein guter Philosoph ist, sondern weil er zu jedem Thema vergleichsweise kluge Dinge sagen kann. Außerdem sieht er vergleichsweise gut aus und wirkt wie ein Typ, der mitten im Leben steht. Das kleine Wörtchen »vergleichsweise« zeigt an, dass man sich über den Maßstab des Vergleichs keine großen Sorgen macht. Der relative Abstand zu dem, was andere Talkshow-Gäste sagen, ist allemal ausreichend.

Ein dritter Aspekt kommt noch hinzu – und der ist für die Popularität der Populärphilosophen entscheidend: Sie müssen sich an den Erwartungen des Publikums orientieren. Wie Hofnarren, die den König beleidigen und beschimpfen dürfen, solange sie ihn unterhalten, dürfen auch die Populärphilosophen das Publikum herausfordern, solange sie es nicht überfordern. Sie besetzen eine Nische, die durch die Nachfrage der durchschnittlichen Sinnsuche des Nichtphilosophen eröffnet wird.

Diese Sinnsuche gilt es, zu bedienen. Angebot und Nachfrage bestimmen das philosophische Geschäft und damit auch die Gedanken, die man in ihm formuliert. So werden nichtphilosophische Bedingungen bestimmend für die Populärphilosophie. Inwiefern diese nichtphilosophischen Bedingungen zu unphilosophischen, der Philosophie gerade entgegengesetzten Bedingungen werden können, wird uns hier noch beschäftigen.

Das Dilemma der Radikalität

Um zu verstehen, worin die Philosophie, wie sie Akademie und Tradition pflegen, und die Philosophie, wie sie die Populärphilosophie verbreitet, sich unterscheiden, muss man sich mit dem Konzept der *Radikalität* beschäftigen.

Philosophie geht den Dingen auf den Grund. Sie kann das aber nur, wenn da nicht schon ein Grund ist, den sie dort selbst versteckt hat. Sonst findet sie nur das wieder, von dem sie bereits vorher wusste, dass es da ist. Natürlich gibt es ganz verschiedene Weisen, Philosophie zu treiben. Aber die Tradition, von der sich der Name, Titel und Begriff »Philosophie« ableitet, weist dennoch einige Gemeinsamkeiten auf.

Eine Gemeinsamkeit besteht darin, auf Voraussetzungen zu achten. Die Philosophie achtet auf Voraussetzungen, weil sie sonst die Fragen, die sie stellt, schon beantwortet hat, bevor sie die Frage überhaupt gestellt hat. Um sich nicht im Kreis zu drehen, muss sie also nachsehen, ob man die Voraussetzungen, die man für eine bestimmte These, Frage oder

Behauptung macht, auch wirklich machen muss. Diese Form der prüfenden und untersuchenden Aufmerksamkeit nennt man seit der Antike: *Kritik*. Heute verstehen wir unter Kritik vor allem die negative Beurteilung. Aber philosophisch bedeutet Kritik die Unterscheidung und Überprüfung der Voraussetzungen, die wir machen.

Weil die Philosophie auf Voraussetzungen achtet, achtet sie insbesondere auch auf das, was sie selbst sagt und tut. Die Philosophie macht ja selbst allerlei Voraussetzungen. Darin unterscheidet sie sich nicht von der Populärphilosophie. Aber die Philosophie stellt diese Voraussetzungen in Frage. Und sie tut es nicht nur ab und zu, nicht nur hier und dort nicht, nicht nur, wo es bequem ist – *sondern grundsätzlich, radikal und allumfassend.*

Radikal bedeutet: an die Wurzel gehend. Das ist eine weitere Gemeinsamkeit der philosophischen Tradition. Die Philosophie fragt nicht nur nach Voraussetzungen, sondern sie fragt weiter. So weit, bis sie an eine Grenze, einen letzten Grund, ein Prinzip stößt – oder feststellen muss, dass es so etwas nicht gibt oder geben kann. Viele Texte der »großen Philosophen« beschäftigen sich mit solchen Grund- und Grenzfragen, mit dem Ganzen (der Welt, des Denkens, des Seins) oder mit dem, wovon jeder Mensch notwendig ausgehen muss. Sie beschäftigen sich damit, heißt: Sie stellen die Frage, ob man solche Grenzen überhaupt ziehen kann. Weder gehen sie schon von solchen Grenzen aus, noch gehen sie davon aus, dass die Frage per se sinnlos ist.

Philosophie ist also aufmerksam auf Voraussetzungen, besonders auf ihre eigenen. Und sie fragt in einer Weise nach ihnen, die wir als radikal auffassen können: So, dass wir immer weiter fragen, bis wir an eine Grenze stoßen. Ob diese Grenze eine positive oder negative ist, ob sie in einem letzten Prinzip oder doch nur in der gemeinsamen Kommunikation besteht, ob sich der Urgrund für immer entzieht oder unmittelbar gegeben ist – die Frage nach dem Grund, der Ursache, dem Prinzip, dem Letzten und dem Höchsten ist entscheidend für die Philosophie. Denn nur so kann sie die Frage klären, welche Voraussetzungen wir machen müssen und zu welchen wir Alternativen haben.

Aus dieser radikalen Frageweise der Philosophie erwächst ihr ein ebenso radikaler Anspruch. Nicht alle Philosophinnen und Philosophen erheben diesen Anspruch immer auf die gleiche Weise. Aber sofern sie versuchen, den Dingen auf den Grund zu gehen, müssen sie diesen Anspruch erheben, weil sie sonst nur wiederfinden, was sie schon vorausgesetzt haben.

Dieser radikale Anspruch bringt die Philosophie in einen größtmöglichen Abstand zu ihrer sozialen Umwelt. Denn diese soziale Umwelt funktioniert gerade deswegen als soziale Umwelt, weil dort bestimmte Voraussetzungen einfach akzeptiert werden. Jemand, der alles in Frage stellt, stellt auch diese Ordnung in Frage. Deswegen erscheinen Philosophen als weltfremd, unsozial, geheimniskrämerisch und selbstreferentiell. Sie bewegen sich in einer Fragehaltung, die sich der Nichtphilosoph nicht so recht vorstellen kann.

In seinem zweiten Brief schreibt Platon, er habe Schüler aller Alterklassen, »Schüler mit guter Auffassungsgabe, mit gutem Gedächtni[s], mit allseitig und gründlich prüfendem Verstande, schon Männer im Greisenalter, Hörer wenigstens seit dreißig Jahren, welche gestehen, die Anfangs ihnen ganz unglaublich [i.S.v. unglaubwürdig] erscheinenden Dinge erschienen ihnen nun ganz glaubwürdig und reell: mit der Welt dagegen, welche sie früher für die reellste gehalten hätten, sei es jetzt das Gegenteil«.[16]

Die Radikalität der Philosophie führt zu zwei Problemen, die Philosophen mit Nichtphilosophen immer wieder haben. Das erste Problem besteht darin, dass Philosoph*innen auch und gerade ihre Kritik als radikale Kritik anlegen. Wenn sie etwas kritisieren, dann fällen sie nicht gleich ein Urteil darüber, sondern versuchen erst einmal, es zu verstehen. Der wichtigste Schritt der Kritik ist nicht das kritische Urteil, sondern zu begreifen, was man kritisiert. Denn was man gar nicht erst verstanden hat, kann man auch schlecht kritisieren.

Das zweite Problem ist gravierender und es ist zentral für den Unterschied von Philosophie und

[16] Platon: Zweiter Brief, 314a–b.

Populärphilosophie. Bis hierhin kann die Populärphilosophie ja stets behaupten, all das – das radikale Fragen, das Achten auf die eigenen Voraussetzungen – auch zu tun. Natürlich wird das hier und
dort problematisch, vor allem dann, wenn man als
Populärphilosoph behauptet, man habe bestimmte,
z.B. ökonomische, Voraussetzungen einfach zu akzeptieren. Das ist gerade kein Ausweis für radikales,
sondern eher für oberflächliches und regionales Fragen. Ein Fragen, dem man die kritische Frage stellen könnte, warum es eigentlich regional bleibt und
nicht radikal wird. Aber im Großen und Ganzen
besteht eben darin ein Versprechen der Populärphilosophie: radikales Fragen ohne große Anstrengung.

Aber wie soll das funktionieren? Wie soll man jemandem, der gar nicht sieht, warum das Selbstverständliche problematisch ist, zeigen, wie er dieses
Selbstverständliche problematisiert? Dieses Problem verhält sich analog zu folgenden Problemen:
Wie soll man jemandem, der inkompetent ist, sich
aber für kompetent hält, zeigen, dass er es nicht ist?
Wie soll man jemandem, der von vornherein davon
ausgeht, dass alle anderen die gleichen Voraussetzungen machen und machen müssen wie er selbst,
die Kritik dieser Voraussetzungen beibringen? All-
gemeiner ausgedrückt: *Wie soll man jemandem das,
was er nicht gelernt hat, beibringen, wenn das, was
ihm fehlt, die Bedingung dafür ist, dass er es lernen
kann?*

Zwischen Philosophen und Nichtphilosophen

besteht eine radikale Differenz. Diese radikale Differenz ergibt sich aus der radikalen Haltung des Philosophen. Und diese radikale Haltung von Philosoph*innen erzeugt ein paradox erscheinendes Dilemma: Wenn ich versuche, die Philosophie zu verstehen und dabei die Voraussetzungen, mit denen ich alles andere auch verstehe, nicht kritisch hinterfrage, dann erhalte ich eine Gestalt der Philosophie, die das, was sie als Philosophie ist und tut, geradewegs verstellt, verzerrt, verfälscht, verbirgt. Indem ich den ersten Schritt machen will, mache ich ihn für mich unmöglich. Und umgekehrt: Wenn ich jemandem Philosophie beibringen will, der, um zu verstehen, was ich da mache, es bereits verstehen müsste, wird mein Versuch in gegenseitigem Nichtverstehen oder Missverstehen enden. Nicht Erkenntnis, sondern Unverständnis, bis hin zur offenen Ablehnung wird das Ergebnis sein.

Wer in die Philosophie einsteigen will, muss sie also eigentlich schon beherrschen. Denn nur, wenn er das für ihn Selbstverständliche in Frage stellt, kann er offen sein für das, was die Philosophie ihm zu bieten hat. Aber es ist zuerst die Philosophie, die ihn lehrt, das Selbstverständliche in Frage zu stellen. Wer mit der Philosophie beginnt, müsste ihr also glauben, ohne ihr zu glauben, müsste eine Haltung einnehmen, die verständlicherweise Misstrauen, Skepsis und Ablehnung hervorruft. Denn warum sollte man eigentlich das Selbstverständliche in Frage stellen? Was hat einem die Philosophie als Alternative zu bieten? Wer so fragt, fragt wieder nur unter der Voraussetzung, dass das Selbstverständliche der Maßstab ist, an dem eine Alternative sich messen lassen muss. Und so wiederholt sich das Problem.

Das ist ein philosophisches Grundproblem. Es hat damit zu tun, dass die Voraussetzungen, die wir machen, nicht nur das bestimmen, *worüber* wir reden, sondern auch bestimmen, *wie* wir darüber reden. Ein Philosoph, der radikal alles in Frage stellt, und ein Nichtphilosoph, der sein Leben lebt, indem er bestimmte Voraussetzungen unbefragt akzeptiert, scheinen keine gemeinsame Grundlage zu haben. Die größte Hürde, die ein Philosoph zu überwinden hat, ist nicht etwa das Unwissen, dem er sein größeres Wissen gegenüberstellt. Es ist das (vermeintliche) Wissen der Menschen, das erst kritisch in Frage gestellt werden muss, um es zu prüfen und es darin zu bestätigen – oder um es gegebenenfalls durch ein besseres Wissen oder aber das Eingeständnis des Nichtwissens zu ersetzen.

Aber wie soll diese Hürde überwunden werden? Wenn man die Infragestellung des Selbstverständlichen lehren will, wäre es gerade verfehlt, sie so zu lehren, dass man das Selbstverständliche durch anderes Selbstverständliches ersetzt. Man würde dann genau das Gegenteil von dem lehren, was man lehren will. Man würde eine Weltanschauung durch eine andere ersetzen. Man muss sein Gegenüber also das *Wie* lehren, ohne dass es ihm so erscheint, als sei diese Lehre eine, die es von vornherein besser weiß.

Nur so durchbricht man den Kreislauf des Selbstverständlichen, das sich ständig anderes Selbstverständliches sucht, um sich darin zu bestätigen.

Der Segen der Popularität

Ein großer Teil der Populärphilosophie tut aber genau das. Weil sie ihre Infragestellung des Selbstverständlichen maßvoll an das Publikum anpassen muss – denn daraus ergibt sich ihre Popularität und ihre Plausibilität[17] –, beginnt sie damit, Fragen zu stellen. Aber anders als die Philosophie kommt sie nicht zu einer radikalen Haltung. Diese Haltung würde bedeuten, den Kontakt zum Publikum zu verlieren.

Deswegen besteht ein großer Teil der Populärphilosophie vor allem darin, *Alternativen* zu dem anzugeben, was man bisher für selbstverständlich gehalten hat. Alternativen haben den großen Vorteil, dass sie Frage und Antwort miteinander verbinden. Sie stellen etwas in Frage – aber sie lassen das Fragen nicht im Nichts enden oder als endloses,

[17] Der Begriff ›plausibel‹ leitet sich ab von lat. ›plausibilis‹, ›Beifall verdienend‹, und ›plaudere‹, ›(Beifall) klatschen‹. Was plausibel erscheint, hat Applaus verdient – auch der ›Applaus‹ kommt von ›plaudere‹. ›Populär‹ ist das, was dem ›populum‹, der ›Menge‹, gefällt.

also frustrierendes Fragen erscheinen. Sie verbinden das bei der Infragestellung des Selbstverständlichen auftretende Unbehagen von vornherein mit einem positiven Angebot: Es ist in Ordnung, die Sicherheit des Selbstverständlichen für kurze Zeit zu verlassen, denn wir sind nur auf der Suche nach einer besseren Möglichkeit, nach einer Alternative, die gegebenenfalls noch mehr Sicherheit bieten kann. Auch wenn diese Sicherheit darin besteht, dass die Frage abschließend nie beantwortet werden kann.

Für die Wagemutigen macht die Populärphilosophie noch ein zusätzliches Angebot. Sie stellt die Alternativen in Form einer simulierten Forschungsdiskussion zur Verfügung. Simuliert ist dieser Diskurs, weil er nicht, wie in der Wissenschaft und der Philosophie geboten, rigoros befragt wird. Stattdessen wird für das bisher für wahr Gehaltene eine Vielfalt von Perspektiven angeboten, die man interessant finden oder aus der man sich eine aussuchen kann. So gibt es zu jedem Thema diese und jene Theorie, diese und jene Meinung. Welche davon die richtige ist, darüber streiten die Gelehrten. Aus dem Dogmatismus des Selbstverständlichen wird ein Relativismus der Perspektiven. Aus der philosophisch erscheinenden Fragestellung wird ein Jahrmarkt der Meinungen.

Man kann der Populärphilosophie also nicht vorwerfen, keine Philosophie zu sein. Zumindest in einer Hinsicht teilen beide den gleichen Anfang: Sie stellen das für selbstverständlich Gehaltene in

Frage. Sie zeigen auf, dass es mehr Möglichkeiten gibt als die, die man aus der Perspektive eines Nichtphilosophen zunächst sieht. Zugleich umgeht die Populärphilosophie aber gerade das Problem, das sich aus der radikalen Haltung der Philosophie ergibt. Die Populärphilosophie geht davon aus, dass sie mit ihrem Publikum schon immer etwas Gemeinsames teilt. Damit gibt sie den Anspruch auf, Philosophie als Einüben einer radikalen Haltung lehren zu können. Sie wird zu einem Zwischending, einem Denken zwischen hingenommener Selbstverständlichkeit und radikaler Infragestellung.

Man könnte nun behaupten, dass diese Mittelstellung eine vermittelnde Stellung ist. Die Populärphilosophie wäre dann so etwas wie der Vorhof zur Philosophie, eine Einleitung oder Hinführung, die einen zu den im engeren Sinne philosophischen Fragestellungen bringt. Tatsächlich sind viele interessierte Leser philosophischer Texte durch populärphilosophische Fragestellungen erst auf sie aufmerksam geworden.

Zugleich aber erscheint dieser Anspruch, eine Hinführung zur Philosophie zu sein, dann unglaubwürdig, wenn man sieht, wie abschätzig die Populärphilosophie über die Akademie und die Akademie über die Populärphilosophie urteilt. Mit dem Anspruch, die verständliche Vermittlung von Philosophie zu sein, abgesetzt von der unverständlichen Vermittlung der Philosophie an der Akademie oder Universität, beansprucht die Populärphilosophie vielmehr, die bessere Philosophie zu sein. Entsprechend muss sie sich an diesem Anspruch messen lassen.

Natürlich ist offensichtlich, dass das nicht geht. Eine dezidiert nichtradikale Populärphilosophie, die, um populär sein zu können, darauf angewiesen ist, nicht radikal zu sein, kann nicht zugleich beanspruchen, die bessere Alternative zur radikalen Haltung der Philosophie bieten zu können. Die Populärphilosophie muss sich also etwas einfallen lassen, um diesen Anspruch doch noch erheben zu können. Dafür muss sie verstehen, worauf die Philosophie mit ihrem radikalen Fragen nach dem Grund abzielt.

Die Philosophie nimmt eine radikale Haltung ein, um auf Gründe zu stoßen, die von allen geteilt werden müssen. Die Populärphilosophie muss also zwei Dinge tun, um dieses Vorgehen zu delegitimieren: Sie muss erstens dafür sorgen, dass die radikale Frage nach dem Grund als lächerliches, gefährliches oder sinnloses Unterfangen erscheint. Geltung, so muss sie suggerieren, lässt sich nicht durch das Gründeln und Vernünfteln der akademischen Philosophie erreichen. Zweitens muss sie eine positive Alternative zu diesem Gründeln und Vernünfteln anbieten. Hier kommen die Kategorien der Relevanz, des Erfolges und der Zustimmung ins Spiel.

Im Grunde läuft alles darauf hinaus, dass die Populärphilosophie genau das gegen die Philosophie ausspielt, was sie wesentlich von ihr unterscheidet: ihren populären Geltungsanspruch. Ob sie diesen nun im Sinne einer strengen Geltung (miss)versteht – etwas gilt eigentlich nur, wenn viele zustimmen –, im Sinne von pragmatisch verstandener Wirkung – viele Leser, große Auflagen, präsent auf Festivals – oder im Sinne ökonomischer Marktmacht, also Quartalszahlen zur Begründung ihres Überlegenheitsanspruchs gegenüber der Philosophie vorlegt, ist gar nicht so erheblich.

Viel interessanter ist, dass die Populärphilosophie das, was sie auf einer tieferen Ebene in Frage stellt, also das Selbstverständliche und sicher Geglaubte, auf einer höheren Ebene selbst wieder installiert. Das Selbstverständliche ist ja nicht nur deswegen das Selbstverständliche, weil es sich, für den Einzelnen, von selbst versteht. Sondern auch deswegen, weil es sonst niemand in Frage stellt. Genau darauf läuft die Argumentation hinaus, die auf die schiere Quantität der Zustimmung verweist: Viele stimmen zu, sind zufrieden, kaufen die Bücher, also brauchen wir keine akademische Philosophie, die alles nur komplizierter macht.

In genau dieser Hinsicht besitzt die Populärphilosophie eine *ideologische Funktion*. Sie bietet eine kontrollierte, geführte, durch die Autorität vielgelesener Autoren bestätigte Infragestellung des Status quo an. Zugespitzt könnte man sagen: Wenn Populärphilosophie so argumentiert, dann ist sie Opium fürs Volk. Sie simuliert eine kritische Haltung, die an viele Interessen geknüpft ist, nur nicht an dasjenige Interesse, das alle anderen stören würde: das radikale Erkenntnisinteresse, die radikale Haltung der Philosophie.

Die Lehre der Philosophie

Wie geht nun aber die Philosophie mit dem genannten Dilemma um? Ist es möglich, aus einer radikalen Haltung heraus diejenigen Probleme zu lösen, die diese radikale Haltung erst erzeugt? Wie beantwortet die Philosophie diese Frage: Wie soll man jemandem das, was er nicht gelernt hat, beibringen, wenn das, was ihm fehlt, die Bedingung dafür ist, dass er es lernen kann?

Diese Frage hat Philosophen aller Zeiten beschäftigt. Wie ist Philosophie lehrbar? Man kann davon ausgehen, dass die Vielfalt der Formen und Gattungen, in denen Philosophie in der Geschichte erscheint, auf Antwortversuche auf genau diese Frage zurückzuführen ist. Man findet dafür überall Beispiele. Eine der ältesten Formen, in denen philosophisches Denken überliefert wurde, ist das Lehrgedicht. Texte in Gedichtform lassen sich rezitieren – die philosophischen Gedanken lassen sich also weitergeben. Dann sind diese Lehrgedichte aber oft an ein nicht weiter bestimmtes »Du« adressiert. Sie sind also Teil eines, freilich eher einseitigen, Dialoges.

Diese Dialogform ist die Grundlage des philosophischen Denkens. Seine Überlegungen sind anspielungsreich, setzen bestimmte Kenntnisse voraus, sind dementsprechend anspruchsvoll. Sie sind nicht für (oder gegen) die Menge bestimmt, sondern erfordern geduldiges Studium und konzentrierte Aufmerksamkeit. In den Fragmenten des Philosophen Heraklit, die aus Zitaten gewonnen wurden, die sehr viel später in anderen Texten zitiert wurden, finden sich Wortspiele, die sich nur Gelehrten erschließen. Das bedeutet: das Publikum ist eher klein. Das löst aber noch nicht das Dilemma, sondern richtet sich nur in ihm ein. Wer versteht, der versteht – wer nicht, der eben nicht.

Einer der ersten Philosophen, die sich explizit mit dem didaktischen Dilemma auseinandersetzen, das die Frage nach der Lehrbarkeit der Philosophie mit sich bringt, ist Platon. Um zu verstehen, was er tut, muss man sich von dem Bild lösen, das die vulgäre Philosophiegeschichte von ihm zeichnet: Ein Sektenguru, der von einem Ideenhimmel schwärmt und zur wirklichen Welt keine Berührung hat.

Tatsächlich ist Platon zunächst einmal ein gewitzter Literat. Er besitzt dichterisches Talent – seine Dialoge sind ein Zeugnis seines Versuchs, das didaktische Dilemma zu lösen. In manchen Dialogen, etwa der berühmten *Politeia*, wird die Ausbildung zum Philosophen auch selbst thematisch. Aber es sind gerade die Texte, die nicht reflektieren, was sie tun, in denen seine Didaktik am wirksamsten erscheint.

Um Philosophie zu lehren, erfindet Platon Lehrerfiguren für seine Dialoge. Er lenkt damit das Interesse seiner Schüler von der unmittelbaren Situation auf eine mittelbare, leichter zu beherrschende. Wenn man über das Verhältnis von Lehrer und Schüler in einem Dialog urteilen kann, ist man zunächst einmal von der Situation befreit, in der man dieses Verhältnis betrachtet, also selbst Schüler ist. Platon bietet seinen Lesern eine urteilende Position an und verringert so den Druck, unter dem man in einer Lehrsituation steht.

Die Lehrerfiguren, von denen die dem historischen Sokrates nachempfundene die bei weitem berühmteste ist, verhalten sich sodann in den Dialogen auf eine bestimmte Weise. Sie tragen keine Lehrgedichte vor oder stellen Thesen auf, die die anderen dann zu diskutieren hätten. Sie stellen Fragen. In den frühen Dialogen spricht Sokrates immer wieder Leute an, die sich selbst für Experten auf ihrem Gebiet halten bzw. die er dafür hält. Er befragt einen Priester zur Frömmigkeit, einen Heerführer zur Tapferkeit und einen Mathematiker zum Wissen. Sokrates spricht also mit denen, die in irgendeiner Weise einen Anspruch erheben, kompetent Auskunft geben zu können.

Im Verlauf dieser Gespräche zeigt sich immer wieder, dass die Gesprächspartner nur glaubten, etwas zu wissen. Sokrates fragt so nach, dass die ihm Antwortenden bald in Probleme geraten. Wo alles übereinzustimmen schien, zeigen sich nun

Widersprüche, das Selbstverständliche ist gar nicht so selbstverständlich, das Wissen eigentlich ein Nichtwissen. Der eigentliche Clou daran ist aber, dass Sokrates seinen Gesprächspartnern das alles nicht dadurch zeigt, dass er sagt: »Falsch! Das hier ist die richtige Meinung!« Sondern er geht umgekehrt vor: Er anerkennt, oft mit großer Geste, die Expertise seiner Gesprächspartner und bittet darum, in einer Frage belehrt zu werden, die er sich gestellt hat. Die Probleme, die sich zeigen, zeigen sich nicht, weil Sokrates einen Maßstab anlegt oder weil er behauptet, sie lägen vor. Sie ergeben sich einzig aus dem, was seine Gesprächspartner antworten. Ihr eigener Logos, ihre eigene Redehandlung, sagt gegen ihren Anspruch auf Wissen aus.

Man hat dieses sokratische Fragen oft als Spitzfindigkeit, sogar als eine Form der rhetorischen Täuschung verstanden. Auch das bildet Platon ab: Sokrates trifft in Platons Dialogen manchmal auf Gesprächspartner, die ihm auf den Kopf zusagen, dass er ein Sophist, ein Meister der täuschenden Rhetorik sei. Es gibt sogar Lehrerfiguren wie den Fremden aus Elea im Dialog *Sophistes*, der zwar Sokrates nicht nennt, aber seine Herangehensweise als »edle und vornehme Sophistik«[18] charakterisiert. Es wäre daher zu kurz gegriffen, würde man in der Art und Weise des sokratischen Fragens bereits eine eigene abgeschlossene philosophische Methode sehen.

[18] Platon: Sophistes 231b.

Betrachtet man aber das, was Sokrates tut, im Kontext von Platons Lehre der Philosophie, dann erscheint seine Vorgehensweise als erster Schritt, um das Dilemma aufzulösen: Anstatt sein Gegenüber zu belehren, stellt er die Fragen so, dass es selbst erkennen kann, dass etwas mit seinem Wissen nicht stimmt. Das sokratische Fragen macht das zunächst Selbstverständliche zweifelhaft und führt den Gesprächspartner zu dem Punkt, an dem er selbst das, was er für Wissen hält, in Frage stellen kann. Einfach dadurch, dass die Antworten des vermeintlich Wissenden, die er gibt, nicht zusammenpassen und er selbst einsehen kann, dass es so ist.

An diesem Punkt, an dem der fragende Lehrer Sokrates dem das eigene Wissen in Frage stellenden Gesprächspartner gegenübersteht, ist allererst ein echter Dialog möglich. Nur wenn beide Gesprächspartner offen sind für die Infragestellung dessen, was sie zunächst für selbstverständlich gehalten haben, kann eine philosophische Diskussion beginnen. Sokrates lehrt, in Platons Dialogen, also nicht Philosophie. Sondern er stellt überhaupt erst die Bedingung her, unter der sie möglich ist.

Schon dieser erste Schritt erscheint in Platons Dialogen auf vielfältige Weise als prekäre Situation. Manchmal lässt Sokrates, nachdem er erste Zweifel am Wissen des Gesprächspartners geweckt hat, diesen einfach stehen. Viele dieser Gespräche sind mühsam, fordern große Konzentration und Aufmerksamkeit und ziehen sich in die Länge. Das liegt aber nicht daran, dass Sokrates besonders komplizierte Argumente vorlegt. Es liegt daran, dass die Frage, die Sokrates gestellt hat, so einfach nicht zu beantworten ist. Im Gespräch ergeben sich immer neue Möglichkeiten, die überprüft werden müssen. Und trotzdem steht am Ende kein klares Ergebnis, sondern oft, wenn nicht immer, das Eingeständnis, die Frage noch nicht beantwortet zu haben.

Was soll das Ganze? Betrachtet man diese Darstellung Platons aus der Sicht des Lesers – z.B. der Schüler, die gemeinsam mit Platon den Dialog in der Akademie lesen –, dann erschließt sich die Lektion: Die sokratischen Dialoge zeigen, wie man eine Position, die Wissen beansprucht, so überprüft, dass derjenige, der Wissen beansprucht, die prüfende Instanz ist.[19] Und anstatt nach schnellen Antworten zu suchen, sucht man lieber gründlich – und nimmt eher in Kauf, dass das Gespräch nicht zu einem Ergebnis geführt hat, als es zu einem Ergebnis zu führen, das nicht gut überprüft wurde. Das ist die erste, die inhaltliche Ebene der Lektion, die die sokratischen Dialoge dem Leser bieten.

Es gibt noch eine zweite Ebene und die hat mit der Form des Dialoges selbst zu tun. Ein Leser oder eine Leserin sieht ja immer mehr als der Text, den er oder sie liest. Sie kann nicht nur dem Gedankengang folgen, die Fragen und Antworten gegeneinander oder gegen andere Fragen und Antworten abwägen, son-

[19] Platon: Protagoras 338b–e; Politeia 348a–b.

48

dern auch beobachten, was Sokrates *tut*. Damit ist nicht einfach die besondere Form der Fragestellung gemeint, die den anderen zur Einsicht in das Nichtwissen führt. Es gibt Dialoge, die inhaltlich damit enden, dass eine Frage nicht beantwortet wird. Aber auf der Ebene des Dialoges selbst kann man beobachten, wie Sokrates bestimmte Fragen, die inhaltlich – also für den Gesprächspartner – zu keinem Ergebnis kommen, auf der Ebene des Dialoges selbst – also für den Leser oder die Leserin – durchaus zu einem Resultat führt.

Die Fragestellungen, die in dem Dialog verhandelt werden, kann man sich als Leser ja auch immer selbst stellen. Und so gibt es Dialoge, in denen Sokrates eine mögliche Antwort so formuliert, dass sie die Art und Weise betreffen, wie der Gesprächspartner antwortet. Wenn Sokrates im Dialog *Laches* mit dem gleichnamigen Feldherrn zu dem Vorschlag kommt, dass Tapferkeit als Beharrlichkeit aufzufassen ist, muss man sich an die Rahmenhandlung erinnern: Dort wurde gefragt, wer in der Lage ist, die Kinder zweier Athener zur Tapferkeit zu erziehen.

Wenn Tapferkeit als Beharrlichkeit aufzufassen ist, dann ist derjenige dazu in der Lage, der diese Beharrlichkeit *beweist*. Sokrates macht seinen Gesprächspartner auch darauf aufmerksam: »Wenn du nämlich willst, so wollen auch wir der Untersuchung Stand halten und beharren, damit doch gerade die Tapferkeit uns nicht auslache, daß wir sie nicht tapfer suchen, wenn doch vielleicht eben die

49

Beharrung Tapferkeit ist.« Mit anderen Worten: Laches soll weiter Rede und Antwort stehen und so zeigen, dass bei ihm Rede und Handlung übereinstimmen, er also kompetent ist, die Kinder der beiden Athener zu erziehen. Laches bejaht. Sokrates fragt: »Willst du also, daß wir auch den Nikias hier herbeirufen zur Jagd, ob er etwas mehr ausrichten kann als wir?« Und Laches antwortet: »Ich will es wohl; warum sollte ich nicht?«

»Weil du eben dann nicht mehr beharrlich bist und damit nicht kompetent!«, das will man Laches als Leser zurufen. Sokrates hat ihm alles gegeben, was nötig ist: Er hat ihn die These aufstellen lassen, dass Tapferkeit Beharrlichkeit sei. Er hat ihm erklärt, dass Reden und Handeln zusammenstimmen müssen, damit diese These glaubwürdig vertreten werden kann. Er hat ihn gefragt, ob er – beharrlich! – weitermachen will. Und Laches hat den einen Schritt nicht gemacht, der seine eigene These begründet hätte. Er gibt die Rede ab und widerspricht sich selbst.

Laches hat nichts daraus gelernt – aber der Leser. Er kann beobachten, was Sokrates tut. Er sieht, dass Sokrates die These nicht nur inhaltlich, sondern auch an der Art und Weise prüft, wie sie vorgetragen ist. Es geht um eine *Haltung* – und wer kompetent sein soll, sie zu lehren, der muss sie eben auch als Maßstab vertreten, d.h. so vertreten, dass er ihr selbst nicht performativ widerspricht. Indem Sokrates im Gespräch mit Laches scheitert, kann sein impliziter, indirekter Dialog mit dem Leser gelingen. Ihm kann er beibringen, was er Laches nicht beibringen konnte. Es gibt eine ganze Reihe platonischer Dialoge, in denen man sieht, wie der Leser in das Dialoggeschehen eingebunden ist. D. h. schon die Lehrerfigur Sokrates fragt nicht nur etwas oder wendet etwas ein, sondern er zeigt auch etwas – und in vielen Fällen so, dass der Gesprächspartner es nicht sieht, der Leser es aber sehr wohl sehen kann.

Wie geht Platon also mit dem didaktischen Dilemma um? Er schafft eine Situation, in der dem Schüler oder Leser gezeigt wird, wie man Gesprächspartner, die etwas für selbstverständlich halten, zu dem Punkt bringt, an dem sie es nicht mehr tun. Selbst wenn das Gespräch am Ende scheitert, kann der Leser oder die Leserin daraus lernen. Was aber wird hier lehrbar gemacht? Kein Wissen, keine positiven Bestimmungen, sondern eine bestimmte *Art und Weise* des Fragens, des Antwortens, des Zeigens. Und dieses Zeigen hat stets damit zu tun, dass man das, was gesagt wird, auf das bezieht, wie es gesagt wird. Deswegen kann das Zeigen eine Lehre sein, auch dann, wenn es selbst, als Zeigen, nie angesprochen wird. Wir können sehen, dass Laches sich widerspricht und wir können sehen, dass Sokrates ihm dieses Kriterium vorher erklärt hat.

Die Welt verlieren, um die Welt zu gewinnen

Warum wählt die Philosophie einen so umständlichen Weg? Das hat mit ihrem radikalen Anspruch zu tun: Sie stellt nicht nur das Selbstverständliche in Frage, sondern sie lehrt auch eine bestimmte Haltung. Diese Haltung erschöpft sich aber gerade nicht im fortgesetzten Fragen, so dass man nie fertig wird. Sie besteht auch in der Kompetenz, Antworten zu überprüfen. Aber diese Kompetenz kann sie gerade nicht als ein Wissen voraussetzen, das sie hat und der andere nicht. Das didaktische Dilemma würde sich wiederholen. Die Philosophin oder der Philosoph würde zwar Fragen stellen, aber die Art und Weise, diese Fragen zu beantworten, wäre von vornherein schon festgelegt. Sie würde das Was befragen, aber das Wie voraussetzen.

Weil die Philosophie aber einen radikalen Anspruch hat, kann sie dieses Wie nicht einfach voraussetzen. Sie muss es auf die gleiche Weise lehren, in der Sokrates seinem Gesprächspartner beibringt, in den *eigenen* Antworten Widersprüche und Schwierigkeiten zu erkennen: indem sie etwas *zeigt*. Der radikale Anspruch der Philosophie verpflichtet sie darauf, auch noch die Art und Weise ihres eigenen Vorgehens in Frage zu stellen. Wenn Sokrates darauf verweist, dass Reden und Handeln nicht übereinstimmen, dann kann der Leser genau diesen Maßstab auf den Text anwenden. Und dann ist es nicht Sokrates, der eine bestimmte Methode lehrt, sondern es ist der Leser, die die vorgebrachten Argumente daraufhin überprüft – und dabei allererst lernt, was es bedeutet, Argumente zu prüfen.

Das gilt dann noch für das Kriterium selbst: Auch das Prinzip, dem es folgt, der Satz vom ausgeschlossenen Widerspruch, muss daraufhin geprüft werden, ob er überhaupt als ein solches Prinzip einsetzbar ist. Und auch dieser Beweis wird geführt, indem man auf das achtet, was man tut. Aristoteles nennt einen solchen Beweis »elenktisch«: Der Elenchos ist der Widersprechende, derjenige also, der eine Behauptung verneint oder sie widerlegt. Wer aber eine Behauptung verneint, der setzt voraus, dass Verneinen nicht Bejahen ist. Wer den Satz vom ausgeschlossenen Widerspruch verneint, hat ihn vorausgesetzt – aber das wird erst sichtbar, wenn er ihn verneint, wenn er ihn also in einem Einwand vorausgesetzt hat.

Die Philosophie ist deswegen so kompliziert. Sie muss nicht nur ihren Gegenstand befragen, sondern auch ihre Herangehensweise. Je umfangreicher man an den Gegenstand herangeht – z.B. weil der Gegenstand selbst umfangreich ist –, desto umfangreicher muss, im Vergleich, die Prüfung der Herangehensweise selbst ausfallen. Und weil die Philosophie nach dem Grund und der Grenze, nach dem Ganzen, dem Ersten und dem Letzten fragt, ist schon ihr Thema äußerst umfangreich. Umso mehr muss sie dann darauf achten, auch die Herangehensweise an das Thema kritisch in den Blick zu nehmen. Sie muss die Welt und alles darin, sich selbst, ihre Perspektive, ihren Gegenstand, erst radikal in Frage stellen, um sie erneut gewinnen zu können.

Natürlich ist das nur der Anspruch der Philosophie, nicht schon die Beschreibung dessen, was alle philosophischen Texte tun. Dem radikalen Anspruch der Philosophie stehen, schon in der philosophischen Tradition, umfangreiche Methodenlehren und Themenbehandlungen gegenüber. In der Philosophie prägen sich also Methoden, die sich (scheinbar) bewährt haben, und Themengebiete aus, über die die meisten anderen Philosophen auch sprechen. Der Grund ist derselbe wie in der Populärphilosophie: Nur wer über das spricht, worüber auch alle anderen sprechen, wird gehört.

Es gibt also schon in der akademischen Philosophie und in der Tradition, auf die sie zurückgreift, die Tendenz zur Popularisierung. Es gibt Schulbildungen und damit verknüpfte Machtansprüche, eine Verfestigung von Themen und Herangehensweisen, die sich nicht nur am Interesse des jeweiligen Philosophen orientieren, sondern auch an dem, was die philosophische Tradition bisher diskutiert hat. Die philosophische Tradition bildet selbst bereits diejenigen Schwerkraftzentren aus, an die dann philosophische Denker und Forscher anknüpfen. Deswegen ist schon die akademische Philosophie ein unübersehbares Gemisch aus radikalen Problemstellungen und althergebrachten Lösungswegen, aus verschobenen Fragestellungen und standardisierten Antwortformen – und aus Versuchen, den Schwerkraftzentren der philosophischen Forschung zu entkommen und zu einer radikalen Haltung zurückzufinden.

Genauso wie es die Tendenz gibt, bereits thematisierte Gegenstände philosophischen Interesses oder bereits angewendete Methoden in Schulformen zu verwandeln, gibt es umgekehrt den Versuch, diesen zu entfliehen. Das geschieht dann z.B. durch Textformen, die gerade mit gut etablierten Formen philosophischen Denkens brechen. Und nicht zufällig sind diese Textformen dann solche, die den Leser, der zugleich Dialogpartner und Beobachter ist, wieder mehr in das philosophische Geschehen einbinden. Das gilt etwa für philosophische Gedanken, die in Form von Aphorismen niedergeschrieben werden – der fehlende Zusammenhang muss vom Leser hergestellt werden und ermöglicht zugleich das Ausbrechen aus der starren Form einer von vorne bis hinten durchlaufenden Argumentation.

Andere Textgattungen haben direkt mit den Lebenswelten zu tun, in denen Philosophen denken. Gebete maskieren philosophisches Denken als fromme Praxis und versuchen sich dem Verdacht zu entziehen, subversiv zu sein. Das ist insbesondere dann wichtig, wenn die Frage des Glaubens über Leben und Tod entscheiden kann. Auch Formen des mehrdeutigen Schreibens, also Satiren oder als Preisschriften eingereichte ironische Artikel, können als Strategien verstanden werden, Repressionen zu entgehen. In dieser Hinsicht ist Philosophie viel näher am Leben und am Leser, als es die Populärphilosophie glauben machen will. Ihr radikaler Anspruch macht ihr Probleme – bezüglich ihres Themas, ihrer Vorgehensweise, und ganz konkret in der Abhängigkeit von einer Obrigkeit, der der Philosoph oder die Philosophin ausgeliefert ist.

In ihrer ganzen Vielfalt aber zeigt sich der wesentliche Unterschied zwischen Philosophie und Populärphilosophie: Die eine will ihre radikale Haltung bewahren, weil sie sonst Gefahr läuft, die Zustände oder Verhältnisse, die sie kritisieren will, nicht zu kritisieren, sondern zu bestärken. Und die andere richtet sich in den Zuständen oder Verhältnissen ein und macht den Applaus der Vielen zum plausiblen Kriterium ihres Erfolges.

Die Beweisführung über das zeigende Gespräch und die Beweisführung über die Zustimmung der Vielen, diese beiden nicht mehr vermittelbaren Alternativen machen die Differenz von Philosophie und Populärphilosophie aus. Weil die Beweisführung über das zeigende Gespräch zeitraubend und anstrengend, anspruchsvoll und voraussetzungsreich ist, erscheint sie der Populärphilosophie wie eine unnötige Verkomplizierung, wie ein Elitismus, der einen Großteil der Menschen ausschließt, die sie mit Philosophie beglücken will (auch, um damit womöglich sogar etwas Geld zu verdienen).

Die Populärphilosophie wiederum erscheint dem radikalen Anspruch der Philosophie wie eine Vereinfachung, die schon bei ihr selbst beginnt, bei den vielen Schulen und Autoritäten, Methodenanleitungen und Themenverzeichnissen. Eine Philosophie, die diesem radikalen Anspruch folgt, muss sich damit nicht nur gegen ihre eigenen Tendenzen zur Verfestigung und Verschulung stemmen. Sie muss sich auch noch gegen diejenigen wehren, die diese Tendenzen dazu nutzen, um ihre Befestigung des Selbstverständlichen vor einem Publikum zu rechtfertigen, für das sie populär sein wollen.

Der Applaus der Vielen ist nicht selten der Ausgangspunkt dafür, dass jemand seine Sichtweise für selbstverständlich und richtig hält. Und so treibt die radikal anspruchsvolle Philosophie, indem sie sich wehrt, den Erfolg der Populärphilosophen an, die ihre Gegenwehr als ewig gestrigen Elitismus diffamiert und sich dadurch Berechtigung verschaffen, den Applaus der Vielen auch zu verdienen.

Der Weg aus der Höhle

Wenn die Populärphilosophen schreiben, dass das Problem der Popularisierung der Philosophie ein »philosophisches Scheinproblem« sei, »das am Ende wiederum nur die Philosophen interessiert«, dann liegen sie in einer Hinsicht falsch. Es handelt sich keineswegs nur um ein Scheinproblem, sondern um ein Problem, das die Philosophie von Anfang an begleitet. Die radikale Infragestellung der eigenen Herangehensweise ist so sehr Teil der Philosophie, dass der Großteil der philosophischen Tradition nur deswegen überhaupt besteht, weil Philosophen aller Epochen für dieses Problem Lösungen vorgeschlagen haben.

Die Vielfalt philosophischer Texte ergibt sich, anders als es populäre Texte über die Lehrmeinungen der Philosophen weismachen wollen, weil Philosophen mit den Texten anderer Philosophen unzufrieden sind. Kaum eine philosophische Perspektive entsteht im luftleeren Raum und ohne Rückbezug auf die philosophische Tradition.

Einem Nichtphilosophen erscheint diese Tradition freilich ganz anders. Er nimmt eine Philosophiegeschichte zur Hand und findet hunderte unterschiedlicher Positionen, die in keiner erkennbaren Ordnung zu stehen scheinen. Die einfachste Art, mit diesem ersten Eindruck umzugehen, besteht darin, ihn als Ausdruck der Philosophie selbst zu begreifen. Das funktioniert über einen einfachen Analogieschluss: Philosophen sind Menschen, die über die Welt nachdenken. Man selbst ist auch ein Mensch, der über die Welt nachdenkt. Und so erscheint einem die philosophische Tradition wie die elaborierte Version dessen, was man selbst die ganze Zeit tut.

Daraus ergeben sich Anlässe, in der Auseinandersetzung mit der Philosophie ungeduldig zu werden. Man fragt sich, warum man eigentlich die eigene Weltanschauung durch die eines Philosophen ersetzen sollte, wenn der es nicht einmal schafft, seine Sichtweise klar und konzise darzulegen. Warum sollte man darüber hinaus Weltanschauungen überhaupt nur ernstnehmen, die offensichtlich aus einer Zeit stammen, die lange vergangen ist? Was bringt es einem Menschen des 21. Jahrhunderts, über Probleme nachzudenken, die ihn nicht betreffen? Diese Fragen sind, aus der Perspektive des Nichtphilosophen, vollkommen einsichtig. Sie gehen von der Beobachtung aus, dass Philosophie aus einer Aneinanderreihung von subjektiven Perspektiven besteht.

Hier wiederholt sich das didaktische Dilemma. Denn um zu verstehen, dass das keineswegs der Fall ist, müsste man sich inhaltlich mit den Texten auseinandersetzen. Für diese Auseinandersetzung aber sieht man keinen Grund, weil Philosophie doch nur eine Aneinanderreihung von Weltanschauungen ist. So verhindert abermals das, was man noch nicht kann, dass man es lernen kann, weil es die Bedingung dafür ist, dass man überhaupt erst bereit ist, etwas dazu zu lernen.

Weil dieses Problem ein, wenn nicht *das* philosophische Problem ist, haben Philosophen aller Zeiten darüber nachgedacht. Sie haben nicht nur Darstellungsweisen gewählt, um das Problem zu umgehen, sondern es auch in seiner Schwierigkeit reflektiert. Der Philosoph Heraklit spricht genau diese Schwierigkeit an, wenn er in einem seiner Fragmente schreibt: »Von dem Logos dessen, was vorliegt, bleiben die Menschen immer unaufmerksam, sowohl bevor sie zuhören als auch nachdem sie gehört haben.«[20] Das könnte man so verstehen: Die Menschen sind unaufmerksam, und deswegen bleiben sie es auch dann, wenn sie gehört haben, was der Philosoph zu sagen hat. Die spezifische Aufmerksamkeit, die für die Philosophie erforderlich ist, geht ihnen ab.

Das scheint auch Thema eines weiteren Fragments zu sein: »[O]bschon der Sinn gemeinsam ist, leben die Vielen, als hätten sie eine eigene Einsicht.«[21] Für

[20] Heraklit: DK 22 B 1.
[21] Heraklit: DK 22 B 2.

ein Argument ist es zentral, dass der Gesprächs-partner den gemeinsamen Grund einsieht, den der Argumentierende vorlegt. Deswegen, so beginnt das Fragment, sei es »Pflicht, dem Gemeinsamen zu folgen«. Aber solange das Eigene – griechisch: »idion« – verabsolutiert wird, kann dieses Gemeinsame nicht eingesehen werden. Der Idiot ist nicht derjenige, der zu dumm ist, um zu verstehen. Sondern derjenige, der das, was er für selbstverständlich hält, voraus-setzt und so gar nicht in der Lage ist, überhaupt nur den gemeinsamen Grund einzusehen.

Auch bei Platon findet sich eine Überlegung, die auf das didaktische Dilemma der philosophischen Lehre eingeht. Ironischerweise wurde gerade der erste Teil dieser Überlegung zu einem äußerst be-liebten populärphilosophischen Bild. Weil dieses Bild geradezu als Bild für die Philosophie selbst ge-nommen wurde, verdunkelte diese Rezeption, dass beide Teile von Platons Überlegung zusammen-genommen eine Problemstellung und ihre Lösung darstellen.

Die Rede ist vom Höhlengleichnis. Es wird meis-tens auf den ersten Teil des Gleichnisses, wie es in der *Politeia* dargestellt wird, reduziert: Jemand sitzt in einer Höhle, gefesselt, und betrachtet Schatten an einer Wand, die er für die Welt und ihre Dinge hält. Irgendwie schafft er es, sich von seinen Fesseln zu lösen, auf jeden Fall wird bei seiner Befreiung Ge-walt angewendet. Er erkennt, dass die Schatten an der Wand nur Schatten sind, die durch Gegenstände erzeugt werden, die vor einem Feuer hin und her getragen werden.

Der von seinen Fesseln befreite Protagonist macht sich daran, den Ausweg aus der Höhle zu suchen. Er steigt den beschwerlichen Weg nach oben und erreicht tatsächlich den Ausgang. Dort angekommen, blendet ihn das Licht der Sonne. Erst nach einiger Zeit sieht er die wirkliche Welt und damit auch den Unterschied zu den Schatten in der Höhle. Würde er in diese Höhle zurückkehren, würde ihn ungewohnte Dunkelheit umfangen. Er müsste sich erst wieder an das Dämmerlicht gewöhnen. Natürlich würde er versuchen, den anderen Gefesselten von der Welt dort draußen zu erzählen. Aber er würde nur Hohn und Spott ernten – würde er den Versuch machen, andere zu befreien, würden sie ihn mit dem Tod bedrohen.

Ist das nicht ein perfektes Beispiel für die Philosophie? Im weiter oben zitierten Brief schreibt Platon ja ebenfalls, dass seine Schüler nun das Gegenteil dessen, was sie vorher für richtig befunden haben, für richtig befinden. Die Geschichte aus der Höhle hat den richtigen Anteil Heroismus: Wer sich befreit oder befreit wird, sieht, wie es wirklich ist. Und sie hat den richtigen Anteil Tragik: Wenn er versucht, anderen davon zu erzählen, glauben sie ihm nicht. Beschreibt das nicht perfekt das Gefühl, das derjenige hat, der sich im Besitz einer Wahrheit sieht, die andere nicht sehen wollen? Hat nicht jeder schon einmal das Gefühl gehabt, hinter die Kulissen zu blicken, dann aber die Erfahrung gemacht, dass andere ihn genau deswegen missachten oder sogar bestrafen?

Man sieht, warum es so verlockend ist, die Geschichte mit der Höhle als Beispiel für die Philosophie als Versprechen der Wahrheit zu lesen. Man macht dem Leser ein Identifikationsangebot: Spürst du nicht auch in dir den Drang, die Wahrheit zu suchen? Bist du nicht schon auf dem Weg? Fühlst du dich dabei nicht auch alleingelassen? Die Philosophie kann dir dabei helfen!

So schön dieses Identifikationsangebot ist, es geht an dem vorbei, was Platons Sokrates mit dieser Geschichte bezweckt. Denn das Höhlengleichnis beschäftigt sich mit der Differenz von Unbildung und Bildung. Es stellt deswegen zwei Formen der philosophischen Vermittlung einander gegenüber: Die heroische Geschichte des Einen, der sich irgendwie befreit, der irgendwie den Weg hinauffindet, der vom Licht geblendet und später, bei seiner Rückkehr in die Höhle, durch die nun ungewohnte Dunkelheit blind wird. Der nur von seinen Erlebnissen erzählen, aber nichts beweisen kann und der dann Spott und Hohn oder sogar Todesdrohungen erfährt.

Auf die Geschichte mit der Höhle folgt im Text eine skeptische Überlegung. »Wir müssen [...] so hierüber denken«, sagt Sokrates, »dass die Unterweisung nicht das sei, wofür Einige sich vermessen sie auszugeben. Nämlich sie behaupten, wenn keine Erkenntnis in der Seele sei, können sie sie ihr ein-

setzen wie wenn sie blinden Augen ein Gesicht ein-
setzen.«[22] Genau das versucht der Protagonist der
Geschichte. Er macht sich irgendwie los bzw. wird
irgendwie losgemacht, geht irgendwie den Weg hin-
auf, muss die Blendung durch das Licht und die Erblindung durch die Dunkelheit ertragen und erzählt
von seinen Erlebnissen. Er versucht, anderen seine
Erlebnisse wie eine Erkenntnis einzusetzen – und
genau das geht schief.

Philosophie lehrt man nicht, »wie sich eine Scherbe umwendet«.[23] Der, der Philosophie so lehren will,
wurde womöglich auch schon so belehrt. Es ist aber
nicht möglich, wie Sokrates seinem Gastgeber Aga-
thon im *Symposion* sagt, dass die Weisheit, »wenn
wir einander nahten aus dem volleren in den leereren
überflösse, wie das Wasser in den Bechern [...] aus
dem vollen in den leeren fließt«.[24] Philosophie muss
sich über das »irgendwie« klar werden, das Wie der
Entfesselung und das Wie des Aufstiegs. Sie muss
die Blendung und Erblindung durch Formen der
Gewöhnung abmildern. Der Weg des Protagonis-
ten im berühmten Höhlengleichnis ist also nicht der
Weg der Bildung, sondern der Weg der Unbildung.

Wie sieht der Weg der Bildung aus? Er besteht darin, den Menschen ganz langsam an seine Befreiung
zu gewöhnen. Im zweiten Teil des Höhlengleichnis-
ses skizziert Sokrates, wie dieser Weg idealerweise

[22] Platon: Pol. 518b–c.
[23] Platon: Pol. 521c.
[24] Platon: Symp. 175d.

aussehen könnte. Begonnen wird mit der Mathematik, die zunächst ein Grundverständnis für Zahlenverhältnisse vermitteln soll, bevor man dann nach der Natur der Zahlen selbst fragt. Es folgen zweidimensionale und dreidimensionale Geometrie, also die räumlichen Verhältnisse, dann Astronomie als Lehre der Verhältnisse am Himmel. Dieser Weg von den konkreten bis zu den abstrakten Verhältnissen führt hin zur »dialektischen Methode«. Sie »geht [...] alle Voraussetzungen aufhebend grade zum Anfange selbst, damit dieser fest werde, und das in Wahrheit in barbarischem Schlamm vergrabene Auge der Seele zieht sie gelinde hervor und führt es aufwärts, wobei sie als Mitdienerinnen und Mitleiterinnen die angeführten Künste gebraucht [...]«.[25]

An die Stelle des heroischen Aufstiegs auf gut Glück und der unglaubwürdigen Erfahrungsberichte tritt die schrittweise Ausbildung zum Denken. Die Pointe dieser Überlegung konfrontiert das didaktische Dilemma: Wer diesen Ausbildungsgang durchläuft, der lernt in seinem Verlauf auch, worin er besteht. Er kann, im Rückblick, die einzelnen Schritte nachvollziehen und so – *weitergeben*. Anders als der Protagonist im ersten Teil weiß er, wie er die anderen entfesselt, wie er den Aufstieg gestaltet, weiß sich auf die Lichtunterschiede zwischen Höhle und Außenwelt vorzubereiten. Und weil der so Gebildete das weiß, kann er es anderen zeigen.

[25] Platon: Pol. 533c–d.

66

Mit Geduld und Spucke

Es scheint, als würde sich die an der Marktrhetorik orientierte Darstellung der Philosophie durch die Populärphilosophie gegen sich selbst wenden. Man könnte sagen: Wer nicht in der Lage ist, darzustellen und zu rechtfertigen, als was und warum er die Philosophie darstellt, verweigert seinem Publikum den Weg zur Philosophie – ob er ihn nun gegangen ist oder nur so tut. Man hat also die Wahl: entweder das billige Produkt aus der Massenproduktion, das nicht lange vorhält. Oder eine Praxis, die zu erlernen äußerst mühsam ist, deren Lohn dann aber darin besteht, dass man sie tatsächlich beherrscht.

Diese Alternative mag sich in einer Welt, in der sich viele Aspekte des Lebens an einer Logik des Marktes orientieren, verschärft haben. Sie wurde jedoch immer wieder von den Philosophen bedacht, war also immer ein Problem, das die Philosophie begleitete.[26] Sechshundert Jahre nach Platon stellt der

[26] Die Beispielreihe folgt Berthold, Jörg: Über den Lehrer (der Philosophie), in: Höfliger, Jean-Claude: Verflechtungen. Die Textlichkeit des Originären. Aufsätze zur

römische Philosoph Plotin wie Heraklit diejenigen, die der Welt »nachjagen«,[27] denjenigen gegenüber, die bereit sind, den nötigen Schritt zurückzutreten und über sie nachzudenken. Die Einübung in dieses Nachdenken gestaltet er als Gedankenspiel, als ins Blaue hinein gesprochene Überlegung also, die nicht wehtut, aber Fragen aufwirft: »Wenn wir nur spielend fürs Erste, ehe wir uns an den Ernst machen, behaupteten [...], ertrüge man wohl das Unerwartete unseres Vorgehens?«[28]

Es geht um ein Training, um das Einüben einer Praxis. Es geht gerade nicht darum, von jetzt auf gleich, wie man eine Scherbe umwendet, ein neues Weltbild zu akzeptieren. Im Gegenteil: Bevor man einen philosophischen Gedanken angeht, muss man verstehen, auf welches Problem er antwortet. Und bevor man ein philosophisches Problem angeht, muss man allererst verstehen, warum es überhaupt ein Problem ist. Dafür muss man »die Sehkraft unseres geistigen Auges [...] trainieren und [...] schärfen«,[29] schreibt der Philosoph Augustinus in seinem Dialog *De magistro*. Denn nur ein vorbereitetes, ein aufmerksames geistiges Auge kann verstehen. Aufmerksamkeit auf das Gemeinsame, wo man vorher nur das Eigene sah – in dieser simplen Lektion be-

Philosophie für Jean-Pierre Schobinger, Zürich 1997, S. 11–27.
[27] Plotin: Enneade V 1, 1,18–19.
[28] Plotin: Enneade III 8, 1, 1–8.
[29] Augustinus: Mag. 8,21.

steht das, was die Philosophie oft so schwierig und unzugänglich macht.

Wenn Kant schreibt, man könne »unter allen Vernunftwissenschaften [...] niemals [...] Philosophie (es sei denn historisch), sondern, was die Vernunft betrifft, höchstens nur philosophieren lernen«,[30] dann ist das gerade kein Bekenntnis zu einem elitären, unzugänglichen Wissensgebiet. Es ist das genaue Gegenteil: Der Hinweis, dass Philosophie gerade nicht – »historisch« – im Auswendiglernen komplizierter philosophischer Systeme besteht, sondern darin, »das Talent der Vernunft in der Befolgung ihrer allgemeinen Prinzipien an gewissen vorhandenen Versuchen [zu] üben«.[31]

Die Einübung der Praxis des Denkens, nicht der hochnäsige Anspruch eines weit überlegenen Wissens, lässt Philosophen über eine Hinführung zur Philosophie nachdenken. Ein Gedanke, an den man die Frage anschließen könnte, warum Populärphilosophen diesen immensen Willen zur Heranführung anderer an das philosophische Denken als elitär diffamieren müssen: Vielleicht, weil sie selbst diesen Willen nur so weit besitzen, wie er das Publikum zufriedenstellt und man mit ihm Geld verdienen kann? Weil es ihnen vielleicht gar nicht so sehr um die Philosophie, sondern um die Möglichkeiten geht, die man mit ihrer Vermittlung, aber außerhalb

---

[30] Kant: KrV A 837.
[31] Kant: KrV A 838.

der Philosophie, erreichen kann? Wenn aber die Philosophie darin besteht, eine bestimmte Praxis des Denkens einzuüben, verrät dann nicht gerade diese Instrumentalisierung und Industrialisierung den Anspruch, den man erhebt, wenn man populär-philosophisch Philosophie zu betreiben behauptet?

Problematische Kategorien: Populär-
philosophie und akademische Philosophie

Bei der Frage, wie Philosophie und Populärphilosophie voneinander abzugrenzen sind und wie diese
Abgrenzung jede von beiden bestimmt, darf man
sich nicht darüber täuschen, dass es sich jeweils um
Idealtypen handelt. Anders gesagt: Die Philosophie
brachte immer schon populäre Formen hervor und
diese populären Formen waren Gegenstand der Kritik der Philosophen.

Insofern ähneln sich auch die Argumente. Platon,
dessen philosophische Didaktik oben bereits Thema
war, reagierte in seinen Dialogen auf gleich mehre-
re populärphilosophische Strömungen. Gegenstand
seiner Kritik waren nicht so sehr die Sophisten, die
für ihre oft großspurig vertretenen, manchmal aber
auch durchaus kompetenten Ratschläge Geld ver-
langten. Die Gespräche mit den Sophisten Protagoras und Gorgias bewegen sich auf einem durchge-
hend hohen Niveau, von zivilisiertem Umgang und
gegenseitigem Respekt geprägt.

Die heftigeren Auseinandersetzungen hat der
platonische Sokrates mit den Anhängern dieser

Sophisten, also denen, die bestimmte Aspekte der sophistischen Lehre einseitig aufnehmen und verabsolutieren. Beispiele für solche Anhänger sind Thrasymachos und Kallikles, die beide Sokrates durchaus aggressiv angehen und die außerdem beide versuchen, sich aus der Affäre zu ziehen – der eine durch Flucht, der andere durch Schweigen. Auch die beiden »Allkämpfer« Euthydemos und Dionysodoros, zwei Brüder, die eine Redeschule betreiben, gehören zu dieser Gruppe von Gesprächspartnern. Charakteristisch für diese Sophisten ist die Behauptung, mit ihrer Kunst könne man alles widerlegen oder alles beweisen. Übersetzt heißt das: Wer bei diesen Sophisten lernt, der kann in jeder Diskussion Recht behalten.

Neben diesen direkten Gesprächspartnern gibt es aber auch eine ganze Reihe von populären philosophischen Schulen, mit denen Platon in seiner Zeit konfrontiert ist. So formierte sich, ausgehend von den schon damals als eher dunkel und auslegungsbedürftig angesehenen Schriften des Heraklit, eine Schule der »Herakliteer«. Ihre Anhänger popularisierten Heraklit und insbesondere Sätze wie denjenigen, dass man nie zweimal in den gleichen Fluss steigen könne, und prägten Abkürzungen wie das Heraklit zugeschriebene Wort »Alles fließt«. Daraus folgerten sie, dass alles im Fluss sei und man daher nichts abschließend erkennen könne.[32]

---

[32] Platon: Theaitetos 151e, 180c–181a.

Populärphilosophie gab es also schon in der Antike – und das änderte sich auch nicht, als die Philosophie von Griechenland ins Römische Reich
übersiedelte. Im Gegenteil: Die eher pragmatisch
denkenden Römer integrierten die aus Griechenland
importierte Philosophie recht umstandslos in ihre
Lebenswelt. Als eine Philosophenabordnung nach
Rom kam, um Strafzahlungen, die Rom von Athen
forderte, abzuwenden, hielten die mitgereisten Philosophen auch öffentliche Vorträge in der Stadt.[33]

Während der alte Cato mit diesem Treiben nicht
einverstanden war und dafür sorgte, dass die Ge-
sandtschaft die Stadt möglichst bald wieder verließ,
waren die jungen Römer begeistert. Griechische
Philosophie kam in Mode. Man hielt sich griechische Sklaven als Hauslehrer und verschiedene philosophische Strömungen verbreiteten sich in Rom.
Das Philosophieren wurde ein seichter Zeitvertreib
für römische Adlige.

Wir würden heute nicht sagen, dass Cicero oder
Seneca populärphilosophische Autoren sind. Da
wir aber aus den griechischen Schulen der Stoa, der
Jüngeren (skeptischen) Akademie oder des Peripa-
tos keine größeren zusammenhängenden Schriften
mehr besitzen, fehlt uns der Maßstab. Die Schuldis-
kussionen der Antike, die durchaus Ähnlichkeit mit

[33] Vgl. Drecoll, Carsten: Die Karneadesgesandtschaft
und ihre Auswirkungen in Rom. Bemerkungen zur
Darstellung der Karneadesgesandtschaft in den Quellen,
in: Hermes 132,1 (2004), S. 82–91.

den heutigen akademischen Diskussionen gehabt haben dürften, sind verloren – geblieben sind ihre Popularisierungen.[34]

Sobald wir uns in einem historischen Rahmen bewegen, ist die Einschätzung, ob es sich bei einer Philosophie um Populärphilosophie handelt, eine Frage der Perspektive. Auch die Rezeption von Philosophie durch die Philosophie ist veränderlichen Maßstäben unterworfen. Manche Philosophen, die in ihrer Zeit äußerst populär waren, viel gelesen und diskutiert wurden, sind heute nahezu unbekannt. Andere wiederum, die zu einer Zeit als bloß populäre Philosophie eingestuft wurden, sind heute Gegenstand der akademischen Forschung – als Philosophie, nicht bloß als Populärphilosophie.

Ein Beispiel dieser Form von Rezeption gibt Hegel. In seinen *Vorlesungen über die Geschichte der Philosophie* bestimmt er die Populärphilosophie über das gleiche Kriterium, das auch hier Gegenstand der Kritik war: »Sie redet unserem gewöhnlichen Bewußtsein zu Munde, legt es als den letzten Maßstab an.«[35] Für Hegel ist das ein Zeichen einer Philosophie, die zwar philosophische Inhalte popularisiert, aber nicht zu einer echten Auseinandersetzung mit diesen kommt. »[D]ie Quelle ist

---

[34] A.A. Long/D.N. Sedley: Die hellenistischen Philosophen, Stuttgart 2000.

[35] Hegel: Vorlesungen über die Geschichte der Philosophie III, Dritter Teil, Zweiter Abschnitt, C. 3. Populärphilosophie.

[...] Autorität, der Inhalt gegeben, die Andacht hebt nur momentan diese Äußerlichkeit auf.«[36] Populärphilosophie macht es sich einfach, wenn es um Voraussetzungen geht: Sie behauptet sie einfach als vorgegebene Natur des Menschen oder Eigenschaft des Geistes – und dann geht sie unter dieser Voraussetzung an die Diskussion vorgegebener philosophischer Inhalte.

Wen aber nennt Hegel als Vertreter dieser Populärphilosophie? Hegel nennt als historische Beispiele Cicero und Pascal – für seine Zeit vor allem Mendelssohn und Vertreter der wolffianischen Schulphilosophie. Alle diese Autoren sind heute Gegenstand des akademischen Diskurses – die gegenwärtige Populärphilosophie kommt nur gelegentlich auf sie zurück, aber nicht als ihre Vorgänger, sondern als Denker unter anderen Denkern.

Wenn man Populärphilosophie bestimmen will, sollte man also den Maßstab nicht aus den Augen verlieren, der bei der Bestimmung angelegt wird. Ist die universitäre Forschungsphilosophie der Maßstab, dann kann man z.B. im 19. Jahrhundert auch Philosophen wie Marx, Kierkegaard oder Nietzsche unter die Populärphilosophen zählen. Sie bewegten sich außerhalb der Philosophie, verfassten philosophische Publizistik, die sich gerade gegen Verwis-

[36] Hegel: Vorlesungen zur Geschichte der Philosophie I, B. Verhältnis der Philosophie zu anderen Gebieten, 2. Abscheidung der Philosophie, c) Abscheidung der Philosophie von der Populärphilosophie.

senschaftlichungsbestrebungen der Philosophie an der Universität richteten.

Umgekehrt waren philosophische Publizisten auch für die im engeren Sinne akademische Philosophie wichtige Impuls- und Ideengeber. Nicht wenige von ihnen standen mit einem Bein in der Akademie und mit dem anderen in der Publizistik. Georg Friedrich Meier, ein Schüler des Wolffianers Baumgarten, ist so ein Populärphilosoph, dessen Thesen einem Philosophen wie Immanuel Kant wichtig genug waren, um sie in seinen Werken zu diskutieren (freilich ohne Meier namentlich zu nennen).

Auch Friedrich Heinrich Jacobi war kein akademischer Philosoph, in dem Sinne, dass seine Wirkung sich an einer Universität entfaltete. Als Publizist und Privatier ist sein Einfluss auf sein geistiges Umfeld dagegen nicht zu unterschätzen. Seine Darstellung der Debatte mit dem zwei Jahre vorher verstorbenen Lessing, den er in Briefen an Mendelssohn als »Spinozisten« bloßzustellen versuchte – ein Vorwurf, den Jacobi auch an andere Philosophen wie Fichte richtete – löste eine Spinoza-Renaissance aus, die für Philosophen wie Fichte, Hölderlin, Hegel und Schelling wesentlicher Ausgangspunkt ihres Denkens wurde.

So wie die Populärphilosophie stets Begleiter der jeweiligen zeitgenössischen Philosophie war und in der historischen Betrachtung von dieser kaum zu trennen ist, so hat auch die schlichte Kategorie der akademischen Philosophie kaum ein reales historisches Gegenstück. Die wenigsten »großen Philosophen« waren akademische Philosophen im Sinne der heutigen Forschungslandschaft. Sie waren adlige Privatiers wie Platon oder Montesquieu, philosophierende Ärzte wie Sextus Empiricus oder Schiller. Philosophen wie Spinoza und Locke, Hobbes und Rousseau wurden aus ihrem sozialen Umfeld verstoßen oder mussten zeitweise ins Exil fliehen. Philosophinnen wie Anne Conway, die den großen deutschen Philosophen Leibniz beeinflusste, mussten sich auf private Kontakte verlassen oder wurden nach ihrem Tod verleumdet, wie Mary Wollstonecraft. Auch deswegen verwundert es nicht, dass sie in der Doxographie kaum eine Rolle spielen.

Nicht jeder war ein Universalgelehrter wie Leibniz, der in ganz Europa Gesprächspartner fand oder ein mächtiger Kardinal wie Cusanus, dessen Stellung ihm gewisse Freiheiten erlaubte. Sokrates, Boethius, Giordano Bruno und Thomas More wurden zum Tode verurteilt und verbrachten den Rest ihrer Tage im Gefängnis. Natürlich lehrten Philosophen auch an Domschulen und Universitäten – aber wer sich dem Zeitgeist nicht beugte, lief Gefahr, wegen Häresie angeklagt zu werden. Das akademische Philosophieren war die meiste Zeit, auch für Lehrer an der Universität, eine prekäre und oft lebensbedrohliche Angelegenheit.

Wir dürfen uns die Philosophen der Tradition also nicht vorstellen wie eine Reihe von Professoren in »blauen und braunen Busfahreranzügen« bzw. deren zeitgenössischen Pendants. Philosophinnen und Philosophen sind Menschen, die philosophisch denken, und deren Werk aus verschiedenen Gründen die Zeiten überdauert hat. Wenn wir heute ihre Texte in der Hand halten, sehen wir ihnen nicht an, dass sie ein bewegtes Leben hinter sich haben. Manche von ihnen blieben über Jahrhunderte unentdeckt. Andere wurden regelmäßig kopiert und kommentiert. Aber selbst diese verdanken ihre Existenz oft Exilanten und Ausgestoßenen, die sich und die Texte vor der Verfolgung ins Exil retteten.

Viele griechische Texte können wir heute überhaupt nur deswegen lesen, weil sie von Byzanz nach Gondischapur im heutigen Iran, von Gondischapur nach Bagdad im heutigen Irak und von dort nach Kairo im heutigen Ägypten gefunden haben. Wo sich heute deutsche Urlauber sonnen, in Sizilien und auf Mallorca, wurden die Texte von jungen Intellektuellen übersetzt, die das Abenteuer suchten und eine Übersetzerschule fanden.[37]

Diesen, im mehrfachen Sinne, Denkabenteuern – Abenteuern im Denken und Abenteuern des Denkens, Abenteuern, die es möglich machten, dass wir es heute als Denken kennen können –, haben wir es zu verdanken, dass es die philosophische Tradition gibt. Schaut man sich aber die heutige akademische Philosophie an, dann kann von Denkabenteuern

---

[37] Vgl. Freely, John: Platon in Bagdad. Wie das Wissen der Antike zurück nach Europa kam, Stuttgart 2016, S. 161–182.

kaum noch die Rede sein. Natürlich nehmen gut situierte Akademiker, die sich um Stellen keine Sorgen machen müssen, ihre Tätigkeit möglicherweise immer noch so wahr. Aber alle anderen suchten die Liebe zur Philosophie und fanden befristete Stellen, massive Arbeitsüberlastung und die Möhre der unbefristeten Stelle vor ihrer Nase.

Die akademische Philosophie, das hat die Populärphilosophie gut erkannt, hat beinahe jeden Reiz verloren. Genau deswegen hat diese es ja so leicht, diesen Reiz zu einem Verkaufsargument für sich umzumünzen. Die akademische Philosophie – vor allem in Zeiten des sogenannten Bologna-Prozesses – ist zu einem wissenschaftlichen Betrieb geworden, mit beantragten Forschungsprojekten, Papers in Peer-Reviewed-Journals, klaren Hierarchien und einer nützlichen Ehrfurcht vor oder Herablassung gegenüber der philosophischen Tradition.

Ist und Soll

Mit der steigenden Nachfrage nach populärphilosophischen Angeboten steigt auch das Selbstbewusst-
sein ihrer Vertreter gegenüber der akademischen
Philosophie. Wie wenig dabei Wirklichkeit und
Anspruch zusammenpassen, wurde bereits deutlich: Viele Populärphilosophen tragen durch ihre am
Markt orientierten Beiträge eben zu den problema-
tischen Voraussetzungen bei, um deren Kritik und
Infragestellung es der Philosophie allererst geht. Sie
beanspruchen, die besseren Philosophen zu sein, dabei machen sie es allen schwerer, in die Philosophie
hineinzufinden: den Philosophen in der Akademie,
ihrem Publikum und sich selbst. Aber das Problem,
dass Wirklichkeit und Anspruch, Ist und Soll, realiter und idealiter nicht zusammenpassen, hat nicht
nur die Populärphilosophie. Auch in der akademischen Philosophie besteht die Neigung, die Wirklichkeit mit dem Wünschenswerten zu verwechseln.

So hat kürzlich der ehemalige Chefredakteur des
Philosophie Magazins, Wolfram Eilenberger, der
akademischen Philosophie in Deutschland einen

»desolaten Zustand« vorgeworfen.[38] Seiner Ansicht nach fehlt es der deutschen Philosophie an »Status« und »Denkkraft«, an »globaler Präsenz«. Statt dieser Form der eminenten Sichtbarkeit dominiere die Verwissenschaftlichung der Philosophie. Seine These fasst Eilenberger knackig zusammen: »Die akademische Philosophie [...] stagniert in zunehmend irrelevanter Selbstbespiegelung eigener Traditionsverhältnisse.«

Auf den kritischen Zeitungsartikel, den der populäre Philosoph Eilenberger dem Elend der akademischen Philosophie gewidmet hat, antwortet der akademische Philosoph Thomas Grundmann: »Sobald man die Philosophie [...] als Wissenschaft versteht, kann man erkennen, dass die gegenwärtige Philosophie in Deutschland sich keineswegs im Zustand fortgesetzter Agonie befindet, sondern quicklebendig ist. Teams von Philosophen arbeiten zumindest an den Zentren der Philosophie in Deutschland beharrlich an wichtigen Sachfragen und versuchen Stück für Stück Probleme zu lösen.«[39]

Für Grundmann ist es ganz einfach: Man muss eine bestimmte Voraussetzung akzeptieren, dann

[38] https://www.zeit.de/2018/10/philosophie-deutschland-universitaeten-wissenschaft-konformismus

[39] https://www.tagesspiegel.de/wissen/debatte-um-die-philosophie-an-deutschen-unis-die-philosohie-lebt-und-sucht-diszipliniert-nach-der-wahrheit/21050012.html. Das Team muss man sich wohl so ähnlich wie bei Monty Python vorstellen: Sokrates im Tor, Marx spielt linksaußen, Heidegger rechtsaußen.

ist Eilenbergers Kritik an der Philosophie hinfällig. Die Voraussetzung lautet: Philosophie ist »ihrem Wesen nach wissenschaftlich«. Grundmann folgert das aus der Wahrheitssuche der Philosophen: »Der Philosoph sollte dabei niemals nur Einsichten wie Offenbarungen verkünden, sondern argumentativ mit Gründen verteidigen.«[40] Interessant an diesem Statement ist, dass Grundmann dieser Darstellung selbst nicht ganz zu trauen scheint. Deswegen schiebt er hinterher: »Das ist beileibe kein neuer Gedanke, sondern so haben es fast alle großen Philosophen seit Aristoteles gesehen.«[41]

Sofern man »wissenschaftlich« gleichsetzt mit »argumentativ mit Gründen verteidigen«, ist das richtig. Das gilt dann aber auch für »wissenschaftlich«: Welcher Begriff von »Wissenschaft« wird hier vorausgesetzt? Warum schließt dieser Begriff es aus, dass »es Philosophie [...] um Originalität, Wirkung und Denkanregungen als Selbstzweck gehen« kann? Können Argumente nicht originell sein, kann Originalität nicht selbst Gegenstand philosophischer Überlegungen werden? Kann es nicht um »Denkanregungen als Selbstzweck« gehen, wenn

---

[40] Das »niemals nur« schließt allerdings nicht aus, sondern ein, dass Philosophie auch darin bestehen kann, Einsichten wie Offenbarungen zu verkünden. Das »nur« ist zuviel, nur »niemals« wäre genug gewesen.

[41] Hier könnte man Grundmann fragen, was eigentlich mit den Philosophen ist, die es nicht so sehen.

dieser »Selbstzweck« zum Beispiel darin liegt, dass das Denken selbst trainiert und gelernt werden soll?

Der Leser wird in diesem Artikel von Grundmann nicht überzeugt, sondern überrumpelt. Ein ungeklärter Begriff von »Wissenschaft« wird eingeführt, mit Autoritäten begründet und als Perspektive empfohlen. Eine philosophische Rechtfertigung, gar eine Kritik der Kategorien, findet nicht statt. Übernimmt man diese Perspektive, dann ist alles ganz einfach: Spezialisierung einzelner philosophischer Fächer? »[N]ur Spezialisten können über die schwierigen Fragen im Detail kompetent urteilen.« Anonym begutachtete Zeitschriften? »Nur sie filtern aus einer unüberschaubaren Flut von Publikationen die qualitativ hochwertigen heraus.« Dass Spezialisierung auch dazu führen kann, dass Philosophen das Gemeinsame aus den Augen verlieren und ihre Perspektive mit einem naturwissenschaftlichen Forschungsbereich verwechseln können, wird nicht problematisiert. Dass auch das Peer-Review-Verfahren erhebliche Mängel aufweisen kann, gerät nicht in den kritischen Blick des Philosophen.

Wenn man die akademische Philosophie für das kritisiert, als was sie realiter erscheint, erklärt sie sich selbst so, wie sie sich idealiter versteht. Wissenschaft, methodische Kontrolle, Teamarbeit, klare Sprache ohne Genieattitüde – das vermittelt einen perfekten Eindruck von der akademischen Philosophie, wie Grundmann sie versteht. Diese Darstellung ist aber nicht weniger an einem Markt orientiert als die Werbung der Populärphilosophen für ihren Zugang zur Philosophie. Der Markt ist nur ein anderer: Er wurde bewusst geschaffen, in der Übernahme ganzer Institute durch diejenigen, die Philosophie am Maßstab naturwissenschaftlicher Forschung messen und so als Wissenschaft betreiben.

Dieses philosophische Paradigma hat die vielfältige Forschungslandschaft der Philosophie schrittweise verdrängt und durch eine Monokultur ersetzt. Und die Rechtfertigung dieser Monokultur gegenüber anderen philosophischen Perspektiven ähnelt frappierend der Rechtfertigung der Populärphilosophie gegenüber der schwer zugänglichen akademischen Philosophie: Die anderen Perspektiven sind unwissenschaftlich, daher irrelevant und wertlos. Wer ins Konzept passt, wird als Gründer der eigenen Perspektive geehrt, wer nicht ins Konzept passt, schreibt Geschichte oder Literatur, aber keine Philosophie. »Tote Philosophen interessieren mich nicht« – das ist das Credo einer philosophischen Forschung, die in der Philosophie gegen die Philosophie arbeitet, indem sie ihr Voraussetzungen verordnet, die diese gerade in Frage stellt.

Die Lage ist also verzwickter als am Anfang gedacht. Auf die Kritik der Populärphilosophen an der akademischen Philosophie antwortet die populäre akademische Philosophie, die sich auf Kosten anderer Perspektiven durchgesetzt hat. Und diese populäre akademische Philosophie sieht kein Problem, weil man ja ganz dem wissenschaftlichen Anspruch folgt. So wie die Populärphilosophie kein Problem sieht, weil sie ja nur die Philosophie, die die akademische Philosophie vor den Augen der Öffentlichkeit verbirgt, verständlich und zugänglich macht.

Auch Wolfgang Spohn, ebenfalls akademischer Philosoph, hat auf Eilenbergers Kritik reagiert. Er geht einen anderen Weg als Grundmann. Wo dieser seine eigenen Voraussetzungen dem Publikum empfiehlt, um die gesamte internationale Philosophielandschaft zu verstehen, verweist jener darauf, dass man sich bescheiden sollte: »Es ist doch in Wahrheit so, dass die Philosophen sich selbst nicht richtig verstehen. Ich bin zum Beispiel überzeugt, dass bis auf den heutigen Tag niemand Kants theoretische Philosophie wirklich verstanden hat.«[42] Diese Bescheidenheit trügt allerdings. Sie dient letztlich dazu, Kants »unzulänglich[e] Antwortversuche« als Hinweis zu interpretieren, wo man das Problem tatsächlich zu suchen hätte.

Die (wohl unfreiwillige) Ironie dieser Aussage besteht darin, dass man, um zu wissen, dass Kant »sich selbst nicht richtig« verstanden hat, Kant verstanden haben müsste. Dasselbe gilt für die Einschätzung, dass sich bei Kant »unzulänglich[e] Antwortversuche« finden – und erst recht für die Aussage

[42] https://www.zeit.de/2018/12/deutsche-philosophie-zustand-kritik/seite-2

»Und so ist es auch mit anderen großen Philosophen«. Wenn Spohn dann schreibt »Niemand soll
mir sagen, er hätte solche Fragen nun hinreichend
beantwortet, geschweige denn die möglichen Antworten wären einfach vermittelbar«, dann ergibt
sich folgende Position: Spohn weiß, worum es Kant
geht, aber es ist schwierig zu vermitteln. Letztlich
liegt diese Schwierigkeit auch darin, dass Kant sich
selbst nicht richtig verstanden hat. Und deswegen
sollte man seine »unzulänglichen Antwortversuche« auch als solche wahrnehmen und nicht etwa
glauben, er habe eine auch nur hinreichende Antwort gegeben.

Diese Darstellung von Kant als selbstverständlich
auszugeben, ist, vor dem Hintergrund einer zwei-
hundertjährigen Kant-Forschung, mindestens unse-
riös. Natürlich kann es sein, dass es sich so verhält,
wie Spohn behauptet. Aber das wäre dann der Anfang und nicht das Ende der Diskussion – und schon
gar nicht rechtfertigte es Aussagen wie die, dass das
auch bei »anderen großen Philosophen« so sei. Doch
Spohn belässt es nicht bei diesem Hinweis. Eilenberger, immerhin promovierter Philosoph, ist für
ihn ein Vertreter des »Philosophiejournalismus«.
Und der agiert, »aus welchen Motiven auch immer,
als öffentlicher Arm der innerphilosophischen Auseinandersetzung«. Spohn arbeitet auch hier mit den
Mitteln der akademischen Hierarchisierung: »Diese
Auseinandersetzung gehört in die Philosophie. Sie
sollte nicht mit schiefen Bildern von der Philosophie

in der Öffentlichkeit ausgetragen werden.« Mit anderen Worten: Philosophiejournalisten wie Eilenberger sollten mit ihren »schiefen Bildern von der Philosophie« die Finger von philosophischen Diskussionen lassen.

Spohns Artikel bestätigt mit dieser Antwort geradezu das negative Bild, das Eilenberger von der akademischen Philosophie zeichnet. Einerseits behauptet er, bisher habe niemand Kants »unzulänglich[e] Antwortversuche« richtig verstanden. Das rechtfertigt seine Erforschung. Andererseits nimmt er in Anspruch, sie immerhin so gut verstanden zu haben, dass er beurteilen kann, wo Kant sich selbst nicht verstanden hat oder wo seine Antwortversuche unzulänglich sind. In einem dritten Schritt spricht er anderen genau diesen Anspruch ab und verweist dann wieder auf die Schwierigkeit der Vermittlung. Schließlich etabliert er eine Hierarchie zwischen sich als kompetentem Sprecher innerhalb der Philosophie und Eilenberger als »Philosophiejournalist«, der die Philosophie nur »schief« wahrnimmt. Und das, obwohl auch Spohns Aussagen zu Kant in mehr als einer Hinsicht »schief« erscheinen.

Auch Elke Brendel setzt sich in einem Blogbeitrag mit der Frage nach der Popularisierung der Philosophie auseinander. Auch sie ist akademische Philosophin und auch bei ihr erscheint das Bild der Philosophie als einer ausdifferenzierten Forschungslandschaft: »Fachphilosophische Forschung vollzieht sich [...] auf einem hohen Spezialisierungsgrad. Sie setzt profunde Kenntnisse des jeweiligen philosophischen Untersuchungsgegenstandes und der verwendeten Fachterminologie voraus«.[43] Deswegen, so Brendel, wäre »[f]achphilosophische Forschung eins zu eins in die Öffentlichkeit zu tragen, [...] genauso wenig zielführend, wie einem Laienpublikum komplizierte Detailfragen der Quantenfeldtheorie auf dem Niveau einer fachphysikalischen Expertendiskussion vorzusetzen«.

Was bestimmte akademische Philosophen der Kritik der Populärphilosophen entgegenzusetzen haben, ist eine Philosophie, die sich selbst mit der Autorität einer Wissenschaft oder mit der Autorität einer auf ewig unerreichbaren »Tiefe« versieht. Sie kann damit den Status quo der Problematisierung entheben und die faktische Forschungslandschaft als das rechtfertigen, was sein soll. Aus diesem wissenschaftlichen Geist muss aber keineswegs folgen, dass man ein bestimmtes Verständnis schon zu akzeptieren habe oder der akademische Philosoph schon wisse, was er da macht. Im Gegenteil, so Brendel weiter: »Für das Schreiben guter populärer Philosophie ist es [...] äußerst wichtig, sich zunächst als Fachphilosophin einen kompetenten Überblick über philosophische Themen zu verschaffen und die relevanten Methoden und Fragestellungen zu kennen.«

---

[43] https://www.praefaktisch.de/populaere-philosophie/populaere-philosophie/

Elke Brendel formuliert hier, trotz ihrer tendenziell wissenschaftlichen Sicht auf die Philosophie, einen Ausweg aus dem didaktischen Dilemma aus Sicht der akademischen Philosophie. Sie unterscheidet zwischen Populärphilosophien, die »das Bedürfnis mancher Menschen bedienen, möglichst aus dem Munde vermeintlicher Expertinnen einfache und ultimative Wahrheiten zu erhalten, die das eigene weitere Nachdenken über eine komplexe philosophische Thematik obsolet machen« und solchen, die nicht nur das Thema, sondern auch die Schwierigkeit der Darstellung mit einbeziehen: »Philosophische Grundfragen sind nun mal dadurch ausgezeichnet, dass sie niemals auf einfache, eindeutige und endgültige Weise zu beantworten sind.«

Die Übereinstimmung von Wirklichkeit und Anspruch, von Ist und Soll, ist dann geleistet, wenn die radikale Haltung der Philosophie Gegenstand philosophischer Darstellung und Problematisierung ist. Das gilt für die akademische wie für die populäre Philosophie. Genau deswegen ist es aber verfehlt, von einer einfachen Gegenüberstellung von Populärphilosophie und akademischer Philosophie auszugehen. Die Alternative besteht vielmehr zwischen schlechter und guter akademischer Philosophie, zwischen schlechter und guter Populärphilosophie.

Was ist gute akademische Philosophie?

Diese Frage kann schwerlich abschließend beantwortet werden, auch weil sie in ihrer allgemeineren Version zu den Grundfragen der Philosophie gehört: »Was ist gute Philosophie?« Dennoch kann man versuchen, ein paar Überlegungen dazu anzustellen. Eine Philosophie, die »akademische« Philosophie sein will, muss diesen Anspruch mitreflektieren. An einer Akademie wird Philosophie gelehrt. Das bedeutet, dass Philosophie genau dann keine Philosophie mehr ist, wenn eine bestimmte Form oder Gattung oder Fassung der Philosophie, ein bestimmtes Paradigma der Philosophie, als »die Philosophie« ausgegeben wird.

Auch in der Weise, wie die Philosophie als Wissenschaft sich und die philosophische Tradition versteht, kann das nicht gelingen. Denn nur weil sie sich an einem bestimmten wissenschaftlichen Methodenverständnis orientiert, wird aus dieser Orientierung keine philosophische Erfolgsgeschichte. Wird dieses Methodenverständnis dann auch noch als Höhepunkt des Fortschritts den Studierenden gewissermaßen verordnet, hat man die Philosophie als radikale Infragestellung von Voraussetzungen ebenso verlassen, wie den Anspruch unterboten, Einsichten argumentativ mit Gründen zu rechtfertigen. Man hat sich dann auf eine Selbstverständlichkeit geeinigt, deren Infragestellung nur scheinbar zum Ausschluss aus der Philosophie führt – tatsächlich handelt es sich um einen Selbstausschluss. Denn so findet man nur das, was man selbst vorausgesetzt hat.

Gute akademische Philosophie sollte also versuchen, solchen scholastischen Verfestigungen zu entkommen. Das bedeutet, dass die akademische Philosophie selbst auf die Vielfalt philosophischer Perspektiven verweisen muss. Sie muss jederzeit damit rechnen, dass ein Ansatz, der ihr selbstverständlich erscheint, von einem anderen aus sinnvoll und überzeugend in Frage gestellt werden kann. Umgekehrt bedeutet das aber nicht, dass die akademische Philosophie von der wissenschaftlichen Spezialisierung in Unterdisziplinen in einen Relativismus philosophischer Weltanschauungen verfallen muss.

Als Philosophie kann sie auf das Gemeinsame dieser philosophischen Perspektiven reflektieren. Und dieses Gemeinsame liegt darin, dass etwas scheinbar Vorgegebenes kritisch in Frage gestellt wird, dass es eine Bereitschaft gibt, die eigene Position mit Gründen zu rechtfertigen und dass sich diese beiden Gemeinsamkeiten in einer radikalen Kritik auch der eigenen Voraussetzungen äußern, die dann die dritte Gemeinsamkeit darstellt. Nur wer ständig nach »Alles oder Nichts« fragen muss, landet in der Schwierigkeit, dass Philosophie entweder nur von einer einzigen Perspektive aus gedacht werden muss, oder aber in einen »Kampfplatz der Metaphysik«[44] zerfällt, auf dem sich Weltanschauungen unversöhnlich gegenüberstehen.

Diese drei Gemeinsamkeiten der philosophischen Praxis können jederzeit selbst zum Gegenstand philosophischer Diskussion werden. Das alles setzt aber voraus, dass philosophische Lehre nicht nur philosophische oder philosophiehistorische Inhalte, Systeme und Methoden umfasst, sondern auch die Ausbildung einer *philosophischen Aufmerksamkeit*. Gute akademische Philosophie muss, vor allem anderen, diese Aufmerksamkeit ausbilden. Und das meint: bei sich selbst ausbilden, damit man andere darin ausbilden kann.

Das führt weg von einem Verständnis von Philosophie als Aneinanderreihung von Weltanschauungen. Aber es führt auch weg von der Vorstellung, man könne diese Vielfalt durch Anleihen bei außerphilosophischen Bereichen in den Griff bekommen. Gute akademische Philosophie wäre dann eine, die ihre eigene Vermittlung von Philosophie vermitteln kann. Die das didaktische Dilemma dadurch auflöst, dass sie ihre Vielfalt dazu nutzt, um Menschen in philosophischer Aufmerksamkeit auszubilden

[44] Vgl. Kant: Kritik der reinen Vernunft, A VIII.

und dann, mit dieser Aufmerksamkeit, auf die Fragen aufmerksam macht, die sich in Geschichte und Gegenwart stellen.

Was ist gute Populärphilosophie?

Hier könnte der akademischen Philosophie die Populärphilosophie auf halbem Weg entgegenkommen. Anstatt den Horizont des Publikums als be-
quemen Maßstab vorauszusetzen, müsste sie von
der Philosophie und ihrem radikalen Anspruch als
Maßstab ausgehen. Sie müsste dann Wege finden,
um diesen radikalen Anspruch zu vermitteln. Und
das bedeutet nicht, dass man nur von ihm redet, sondern dass man ihn zeigt, vollzieht und so lehrt.

Anders als die akademische Philosophie ist die
Populärphilosophie nicht an die Zwänge der Forschung gebunden. Das kann sich zum Nachteil der
Philosophie auswirken, wenn die Populärphilosophie ihre Freiheit dazu nutzt, ihre Darstellung den
Erwartungen des Publikums anzupassen und so
auch falsche oder verzerrte Darstellungen popularisiert. In diesem Fall bestätigt sie die Vorwürfe der
akademischen Philosophie, so wie diese die Vorwürfe der Populärphilosophie bestätigt, elitär und
unzugänglich zu sein. Der bloße Hinweis »tja, das
ist halt Wissenschaft«, und der bloße Hinweis »tja,

das ist halt auch Philosophie, nur verständlich«, stehen sich dann als unversöhnliche Positionen gegenüber.

Aber die Populärphilosophie kann ihre Freiheit auch dazu nutzen, um echte Brücken in die Philosophie zu bauen. Vielleicht muss sie es dann aber auf sich nehmen, das Publikum in einigen Erwartungen zu enttäuschen. Sie müsste Elke Brendels Hinweis ernst nehmen, dass »[p]hilosophische Grundfragen [...] nun mal dadurch ausgezeichnet [sind], dass sie niemals auf einfache, eindeutige und endgültige Weise zu beantworten sind«. Und sie müsste diesen Hinweis auf ihre Darstellung philosophischer Positionen und Methoden erweitern. Denn die akademische Philosophie kann es sich leisten, sich auf philosophische Grundfragen zu konzentrieren. Sie hat im Zweifelsfall die Forschung zur Hand, die zeigt, in wie vielen verschiedenen Hinsichten man die Voraussetzungen dieser Grundfragen problematisieren kann. Die Populärphilosophie kann das nicht und müsste deswegen ihren Anspruch entsprechend anpassen.

Das gelingt dann, wenn sie wahrnimmt, dass weder die philosophische Tradition, noch die akademische Philosophie darauf festgelegt ist, unverständliche Texte zu produzieren oder hierarchische Machtansprüche zu formulieren. Anstatt sich an diesen Extremen abzuarbeiten, kann die Populärphilosophie die Texte stark machen, in denen sich Philosophen alle Mühe geben, verständlich zu sein.

Und wenn ihnen akademische Philosophen mit einer stärkeren Konzentration auf die Vermittlung von Philosophie entgegenkommen, lassen sich auch hier gute Beispiele finden, die dabei helfen, allseitig Vorurteile gegenüber der Philosophie abzubauen.

Umgekehrt muss die Populärphilosophie dann auch nicht mehr in ein Konkurrenzverhältnis zur akademischen Philosophie treten. Ihr hoher Anspruch, die bessere Philosophie zu sein oder mit einem einzigen Buch ein ganzes Studium ersetzen zu können, würde dann einem realistischeren Anspruch weichen. Sie wäre nicht mehr die populäre Version der akademischen Philosophie oder der philosophischen Tradition. Sondern Philosophie, die genau deswegen Philosophie bleibt, weil sie ungebunden tun kann, was die akademische Philosophie nur im Rahmen ihrer Forschung tun kann: Menschen philosophische Aufmerksamkeit zu lehren.

Wie sich die akademische Philosophie von der Autorität der Wissenschaft und der Autorität der Tradition lösen müsste, müsste sich die Populärphilosophie von der Autorität des Publikums und des Selbstverständlichen lösen. Das bedeutet nicht, gar nicht, dass es nicht mehr um die Vermittlung wissenschaftlicher Maßstäbe oder um Verständlichkeit gehen kann. Es bedeutet aber, das Gemeinsame einzusehen, das akademische Philosophie und Populärphilosophie miteinander verbindet. Und dieses Gemeinsame besteht in der Bedingung, die sie beide der philosophischen Kritik unterwirft und beiden die Möglichkeit gibt, sich zu rechtfertigen: in der Ausbildung einer kritischen Aufmerksamkeit auf das, was uns, als Nichtphilosophen, als akademische Philosophen, als Populärphilosophen, zunächst als selbstverständlich erscheint.

Nichts an dieser Aufgabe ist leicht – und so zeigt sich schlechte akademische Philosophie und schlechte Populärphilosophie vor allem in der Tendenz, es sich einfach zu machen. Ob es sich dabei um die selbstverständliche Voraussetzung eines philosophischen Paradigmas als einzigem Maßstab handelt oder um die Voraussetzung des Verständnishorizontes des Publikums – beides ist nicht Ausgangspunkt im Sinne einer nicht weiter hinterfragbaren und zu akzeptierenden Voraussetzung, sondern höchstens Ausgangspunkt im Sinne eines Problems.

Philosophie als Aufmerksamkeit, als Praxis, als eine Weise des Denkens, die das Denken anderer und das eigene Denken radikal hinterfragt, ohne sich zu verlieren und von diesem Punkt aus alles zu gewinnen, was die Welt und die Philosophie sein kann – das wäre eine Möglichkeit. Sie als Möglichkeit zuzulassen, anstatt sie selbstherrlich vom Tisch zu wischen, wäre ein erster Ausdruck dieser Möglichkeit. Und so könnte sich das didaktische Problem umkehren: Nicht die Philosophie voraussetzen, um sie als Philosophie verstehen zu können. Sondern Philosophie verstehen lernen, auch und gerade: als eigene Möglichkeit verstehen lernen, um dieses Verstehen weitergeben zu können.

Ob sich dann daraus wieder nur Philosophie ergibt oder etwas ganz anderes, das bleibt auch nach zweitausendfünfhundert Jahren unabsehbar. Sicher ist nur, dass es die Philosophie dann auch weiterhin geben wird. Und das ist alles, was wir hoffen können.